KOGNITIVER KAPITALISMUS

D1673104

ES KOMMT DARAUF AN

Texte zur Theorie der politischen Praxis

Herausgegeben von Boris Buden, Jens Kastner,
Isabell Lorey, Birgit Mennel, Stefan Nowotny,
Gerald Raunig, Hito Steyerl, Ingo Vavra, Tom Waibel

Band 13

ISABELL LOREY, KLAUS NEUNDLINGER (HG.)

Kognitiver Kapitalismus

Aus dem Englischen, Französischen und Italienischen
übersetzt von Therese Kaufmann und Klaus Neundlinger

VERLAG TURIA + KANT
WIEN–BERLIN

Bibliografische Information der Deutschen Bibliothek
Die Deutsche Bibliothek verzeichnet diese Publikation in der
Deutschen Nationalbibliografie; detaillierte bibliografische
Daten sind im Internet über http://dnb.ddb.de abrufbar.

**Bibliographic Information published by
Die Deutsche Bibliothek**
Die Deutsche Bibliothek lists this publication in the
Deutsche Nationalbibliografie; detailed bibliographic data
is available on the internet at http://dnb.ddb.de.

ISBN 978-3-85132-668-0

Inhalt

Kognitiver Kapitalismus. Von der Ökonomie zur Ökonomik des Wissens.

Einleitung

Isabell Lorey und Klaus Neundlinger

AMBIVALENTE PRODUKTIVITÄT

Leben wir heute in einer »Wissensgesellschaft«? Bestimmt »Wissen«, wie eng oder weit man es auch fassen mag, auf eine einschneidende Weise die wesentlichen Institutionen, die wir für das Funktionieren unserer Lebenswelt brauchen? Gar auf eine so entscheidende Weise, dass es ihnen seinen Charakter aufprägt, sein symbolisches Vermögen, die gesellschaftlichen Prozesse zu formen? Entfaltet sich gegenwärtig ein neues kapitalistisches Paradigma, das um das Wissen zentriert ist? Und was bedeutet es, wenn man davon ausgeht, dass das ökonomische Geschehen, die Art und Weise, wie der Kapitalismus unsere Produktions- und Tauschverhältnisse gestaltet, sich *mittels* oder *innerhalb* eines neuen Paradigmas entfaltet? Kann man berechtigterweise von einer Entwicklung sprechen, die unter dem Begriff des »kognitiven Kapitalismus« zusammenzufassen ist? Kann man die Behauptung aufstellen, dass der *Homo oeconomicus* sich in einen *Homo cognoscens* verwandelt hat?

In der Geschichte des Kapitalismus behauptet das Wissen nicht zum ersten Mal seine Relevanz für die Akkumulation des Kapitals. Wissen hatte immer schon eine Bedeutung für die Wertschöpfung, ebenso die sozialen Beziehungen und die Kooperationen der ArbeiterInnen. Planmäßiges Vorgehen, die Abstimmung von Bedürfnissen, Zwecken und Interessen, die effiziente Verknüpfung von Angebot und Nachfrage, von ProduzentInnen und VerbraucherInnen, all dies wäre nicht möglich ohne den ordnenden, vermittelnden und organisierenden Einsatz von Wissen. Die ökonomischen Wissenschaften haben nie bestritten, dass der Bereich des Kognitiven für die kapitalistische Schaffung von Wert eine Bedeutung hat. Doch weder die neoklassische Ökonomietheorie noch die Marxistische Theorie haben ihre jeweiligen theoretischen Gebäude aufgrund einer anwachsenden und neuen Bedeutung von Wissen in Frage gestellt.

Nun erleben wir seit einigen Dekaden eine Situation, in der die permanent ansteigende Akkumulation von Wissen eine nicht mehr zu leugnende grundlegende Relevanz für die gegenwärtige kapitalistische Entwicklung hat. Zugleich tritt vor allem durch die technologischen Entwicklungen auch die besondere Ambivalenz, Wissen produktiv zu machen, zutage: Es wird durch das Kapital in seinem tatsächlichen Überfluss gefördert, und zugleich wird es reguliert. Die Ressource Wissen wird in ihren Flüssen unterstützt, es wird versucht, den Zugang zu ihr zu erleichtern, weil sie in einem krisengeschüttelten Kapitalismus zunehmend notwendig wird. Bei immer höherer technischer und organisatorischer Komplexität, immer ausdifferenzierteren Märkten und angesichts vervielfältigter, menschliches Handeln und Entscheidungen beeinflussender Faktoren, werden mittels Wissen Wachstumspotenziale und wirtschaftliche Vorteile zu erkennen und entsprechend zu nutzen versucht. Gleichzeitig wird Wissen auf Gefahren und Risiken sowie die Folgen seines Einsatzes und seiner Steuerbarkeit hinterfragt, was dazu führt, dass verschiedenste Regulierungs- und Kontrollmechanismen in Bezug auf seine Nutzung und Verbreitung eingerichtet werden.

Wissen wuchert einerseits: Es strömt in unermesslichen Datenmengen durch die Kanäle der informations- und kommunikationstechnologischen Infrastruktur. Andererseits wird Wissen gerastert und gemessen: Handelt es sich um Kenntnisse, die dem technisch-wissenschaftlichen Komplex entspringen, wird versucht, diese objektivierten Bewertungsverfahren zu unterwerfen, ihre Verbreitung zu steuern und den durch sie entstandenen Überfluss möglichst durch dessen Verwandlung in private Güter zu verknappen. Diese ambivalente Produktivität eines kognitiven Kapitalismus zwischen überschüssigem Wuchern und rasternder Vermessung gilt es zu analysieren, um entsprechend die Formen des Widerstands zwischen den reaktiven Kämpfen gegen juridische Restriktionen und Verknappungen einerseits und den aktiven Kämpfen andererseits zu kombinieren, in denen die Wissensflüsse der Kapitalakkumulation entzogen werden, mithin aktiv daran gearbeitet wird, ihr zu entgehen.

In diesem Buch werden vor allem zwei Dimensionen der wachsenden Bedeutung des kognitiv-kapitalistischen Paradigmas herausgestrichen: Die erste

9

Dimension bezieht sich auf den Wandel in der Produktionsweise, also der Art und Weise, wie Waren und Dienstleistungen hergestellt werden, wie Arbeit organisiert wird und wie die Kapitalakkumulation verläuft. Dieser Wandel wurde eingehend unter den Begriffen der »postfordistischen« oder »postindustriellen« Produktionsweise untersucht. Sechs Aspekte können als charakteristisch für diese nach-fordistische Art des Produzierens und Konsumierens gelten: erstens der steigende Anteil des Dienstleistungssektors an der Wirtschaftsleistung, zweitens die Verlagerung der Wertschöpfungskette von der materiellen Fertigung hin zur »immateriellen« Produktion, d.h. zum Entwurf, zur Konzeption und Erforschung des Marktes, zur Bewerbung des Produkts und zur Schaffung von symbolischem Mehrwert in Form von Aufmerksamkeit,[1] drittens die Einverleibung von sprachlichen, kulturellen und affektiven Praktiken,[2] viertens die

---

1 Vgl. Christian Marazzi: *Der Stammplatz der Socken. Die linguistische Wende in der Ökonomie und ihre Auswirkungen in der Politik*, Zürich: Seismo 1996; ders.: *Capital and Language. From the New Economy to the War Economy*, Los Angeles: Semiotext(e) 2008; ders.: *Capital and Affects. The Politics of the Language Economy*, Los Angeles: Semiotext(e) 2011; Maurizio Lazzarato: »Immaterielle Arbeit. Gesellschaftliche Tätigkeiten unter den Bedingungen des Postfordismus« [1993], in: Toni Negri, Maurizio Lazzarato, Paolo Virno: *Umherschweifende Produzenten. Immaterielle Arbeit und Subversion*, mit einem Vorwort von Yann Moulier Boutang, hrsg. von Thomas Atzert, Berlin: ID-Verlag 1998, S. 39-52; Georg Franck: *Ökonomie der Aufmerksamkeit*, München, Wien: Hanser 1998.

2 Vgl. Michael Hardt: »Affektive Arbeit«, in: Thomas Atzert, Jost Müller (Hg.): *Immaterielle Arbeit und imperiale Souveräni-*

Schaffung von Konsumidentitäten und Communities über die neuen Informations- und Kommunikationstechnologien, fünftens die projektförmige Arbeitsorganisation[3] und schließlich sechstens die Verwandlung des arbeitenden Subjekts in eine selbst-organisierte, unternehmerisch agierende Ansammlung von Kompetenzen.[4]

Der »kognitive Kapitalismus« bezeichnet jenes Paradigma des Wirtschaftens, innerhalb dessen die Horizonte des potenziellen Wachstums, die Möglichkeiten, ökonomischen Wert zu generieren, immer mehr von der Fähigkeit der Arbeitenden abhängen, ihr »subjektives Engagement« einzubringen, sich beständig neu zu orientieren, zu lernen, Erfahrung in Form von reflektierten kommunikativen Akten zum Ausdruck zu bringen; kurz, ein nicht vorhersehbares Geschehen zu lenken.[5]

tät. Analysen und Diskussionen zu Empire, Münster: Westfälisches Dampfboot 2004, S. 175-188; Marazzi, Capital and Language, a.a.O.; ders., Capital and Affects, a.a.O.

3   Vgl. Luc Boltanski, Ève Chiapello: Der neue Geist des Kapitalismus, Konstanz: UvK 2003.

4   Vgl. Ulrich Bröckling: Das unternehmerische Selbst, Frankfurt/M.: Suhrkamp 2007.

5   Dies ist die Definition von Arbeit im kommunikativen Paradigma von Philippe Zarifian: À quoi sert le travail?, Paris: Dispute 2003, S. 38; vgl. dazu auch die Analyse des zeitgenössischen Kapitalismus von Paolo Virno: Grammatik der Multitude, mit einem Anhang: Die Engel und der General Intellect, übers. von Klaus Neundlinger, eingel. von Klaus Neundlinger und Gerald Raunig, Bd. 4 der Reihe »es kommt darauf an«, Wien: Turia + Kant 2005; ders.: Exodus, hrsg., übers. und eingel. von Klaus Neundlinger und

Je mehr sich die Gestaltung nicht vorhergesehener Situationen und Lagen, das Eingehen auf stets neue Bedürfnisse und die nicht im Vorhinein steuerbare Strukturierung von Prozessen in den Mittelpunkt des Arbeitsalltags drängen, in umso höherem Maße wird die Organisation von Arbeit selbst zur eigentlich *Wert schaffenden* Tätigkeit.[6] Arbeitsorganisation ist also keine abgetrennt vom Produktionsprozess stattfindende, spezialisierte, aus den Erkenntnissen bestimmter Wissenschaften ableitbare Tätigkeit mehr – und sie ist auch nicht durch einen engeren Begriff von »Innovation« im Sinne technologischer Entwicklung erklärbar. Als kommunikatives Handeln ist sie beständige *Invention* und Konstruktion von Welt. Insofern verwandelt sich Wissen von einer externen Ressource zu einem dem Produktionsprozess inhärenten, nicht vom ökonomischen Handeln zu trennenden Faktor.

Die zweite Dimension der Verschiebung der ökonomischen Paradigmen, die wir herausstellen wollen, ist die Erschütterung der wirtschaftswissenschaftlichen Grundfesten, die durch das Aufkommen einer »Wissensökonomie« verursacht werden. Angesichts der realen Veränderungen des kapitalistischen Wirtschaftens drängt sich mit einer zunehmenden Dringlichkeit die Frage nach den Grenzen und Unzulänglichkeiten des im heutigen Wissenschaftsbetrieb hegemonialen neo-

---

Gerald Raunig, Bd. 9 der Reihe »es kommt darauf an«, Wien: Turia + Kant 2010.

6   Klaus Neundlinger: *Die Performance der Wissensarbeit. Immaterielle Wertschöpfung und Neue Selbstständigkeit*, Wien, Graz: Nausner&Nausner 2010.

klassischen Ansatzes auf. Es geht letztlich darum, einen Paradigmenwechsel in der theoretischen Betrachtung des Phänomens des wissensbasierten Kapitalismus zu vollziehen.

WISSEN UND ÖKONOMIE

Bis zum 18. Jahrhundert entwickelten sich Kapital und Wissen relativ selbständig und unabhängig voneinander in zwei unterschiedlichen Akkumulationsprozessen. Erst mit der Herausbildung des Industriekapitalismus traten beide Bereiche mehr und mehr in einen Austausch, der Wirkungskreis jener, die Wissenschaft betrieben, dehnte sich zunehmend aus. Vor allem im 19. Jahrhundert entwickelte sich das Bildungsniveau der Bevölkerungen in den Industrienationen rasant, was Hand in Hand mit der Verbreitung wissenschaftlichen Wissens und technischer Kenntnisse verlief und wiederum zur weiteren Entwicklung des sogenannten technischen Fortschritts beitrug.[7]

Doch die moderne Geschichte der Verwobenheit und wechselseitigen Bedingtheit zwischen Wissenschaft, Technologie und Akkumulation findet kaum Berücksichtigung in den Diskursen der neoklassischen politischen Ökonomie, sie gilt nicht als zentral für die

---

7   Vgl. Antonella Corsani: »Wissen und Arbeit im kognitiven Kapitalismus. Die Sackgasse der politischen Ökonomie«, in: Atzert/Müller, *Immaterielle Arbeit,* S. 156-174, hier S. 159; siehe auch Karin Hausen, Reinhard Rürup (Hg.): *Moderne Technikgeschichte*, Köln, Berlin: Kiepenheuer und Witsch 1975.

Analyse der Produktionsverhältnisse. Wissen wird für ÖkonomietheoretikerInnen erst dann interessant, wenn es zur industriellen Anwendung bestimmt ist, wenn wissenschaftliche Erkenntnisse durch das Mittel des Patentrechts in den Bereich des Privateigentums transferierbar werden. Im Unterschied zu diesem besonderen, meist technologischen Wissen galt das allgemeine Wissen in seiner Vielfalt – als künstlerisches, kulturelles, wissenschaftliches oder philosophisches – im Industriekapitalismus tendenziell im Sinne Hegels als »reines« Wissen und damit als ein Gemeingut, das prinzipiell allen zugänglich ist.[8] In diesem Verständnis repräsentierte die Wissenschaft mitsamt ihren Institutionen die Anordnung, Bestimmung und Einteilung des vielfältigen »reinen« Wissens.

Ab dem Ende des 18. Jahrhunderts konzentrierte sich die politische Ökonomie als Quelle von Wachstum und Reichtum auf die Fabrik. Im Innern der prototypischen Stecknadelfabrik von Adam Smith offenbarte sich in der Permanenz der wiederholenden Produktionstätigkeit das Wertmaß. Die Repetition der Handlung und die Reproduktion der Waren galten allein als Maßstab für die Bestimmung des Werts und nicht innovative und verändernde Ideen und Praxen.[9] Die Arbeitsteilung innerhalb des Fabriksystems setzte auf die anwachsende Geschicklichkeit durch Wiederholung und basierte auf einer weiteren, in der politischen Ökonomie allerdings nicht berücksichtigten Arbeits-

---

8   Corsani, »Wissen und Arbeit im kognitiven Kapitalismus«, in: Atzert/Müller, *Immaterielle Arbeit*, a.a.O., S. 159.
9   Ebd., S. 161.

teilung: der geschlechtsspezifischen Aufteilung der Arbeit, in der Haushaltsarbeit, Pflege und Kindererziehung allein Frauen zufiel und als nicht produktive Tätigkeiten verstanden wurden.[10]

Für die neoklassische Theorie verschränkten sich allein in der Technologie die Sphären der wirtschaftlichen Produktion und des Wissens. Die politische Ökonomie nahm mithin nur bestimmte Formen der Wissensproduktion zur Kenntnis, jene nämlich, die als zielgerichtet und berechenbar galten, letztlich all jene Wissensformen, die dem auf Wiederholung basierenden Maß des Werts entsprachen. Seit der Mitte des 19. Jahrhunderts reproduziert sich die neoklassische politische Ökonomietheorie als eine Wissenschaft der »optimalen Ausnutzung knapper Ressourcen«, fokussiert auf das Notwendige, die Nachfrage, den Mangel.[11] Wissensformen und Entstehungsprozesse, die auf Affekten und Inventionen beruhen, bleiben in der Regel unberücksichtigt und werden in einen Bereich des zu vermeidenden Unberechenbaren und Kontingenten ein- und damit zugleich ausgeschlossen. Sie gelten als unproduktiv und werden entsprechend der reproduktiven Arbeit tendenziell weiblich konnotiert.[12]

---

10 Vgl. Silvia Federici: *Caliban and the Witch. Women, the Body and primitive Accumulation*, New York: Autonomedia 2004.

11 Corsani, »Wissen und Arbeit im kognitiven Kapitalismus«, in: Atzert/Müller, *Immaterielle Arbeit,* a.a.O., S. 161.

12 Vgl. Karin Hausen: »Wirtschaftsgeschichte als Geschlechtergeschichte«, in: Franziska Jenny, Gudrun Piller, Barbara Rettenmund (Hg.): *Orte der Geschlechtergeschichte. Beiträge zur 7. Historikerinnentagung*, Zürich: Chronos 1994, S. 271-288.

Im 20. Jahrhundert entwickelte sich in erster Linie innerhalb der Soziologie ein Diskurs über die Verflechtungen von Kapitalismus, Kognition und Rationalität. Georg Simmel und Max Weber betrachteten Kapitalismus als eine »Lebensform«, die durch rationales, kalkulierendes und abstraktes Denken charakterisiert ist. Im modernen Kapitalismus, so ihre Kritik, ist das »Leben« dominiert von formalen Strukturen, wie sie in der Bürokratie zu finden sind.[13] Max Scheler unternahm bereits 1926 einen der ersten systematischen Versuche, Gesellschaft als Wissensgesellschaft zu analysieren und die Ausdifferenzierung der Rationalität in den modernen Formen des Zusammenlebens nachzuzeichnen.[14] Allerdings kam es noch nicht zu einer systematischen Reflexion auf das *Imaginäre* des Kapitalismus,[15] dessen eminente Bedeutung für die Durchdringung des gesellschaftlichen Lebens über die Entwicklung der subjektiven Wertlehre einerseits und des Wucherns von Präsentations- und Werbeformen andererseits, von Wissen, das sich der Konsumbedürf-

---

13 Vgl. Max Weber: *Protestantische Ethik und der Geist des Kapitalismus,* hrsg. und eingel. von Dirk Kaesler, München: Beck 2010; Georg Simmel: *Die Philosophie des Geldes,* Gesammelte Werke, Bd. 1, 6. Aufl., Berlin: Duncker & Humblot 1958; George Caffentzis: »A Critique of ›Cognitive Capitalism‹«, in: Michael A. Peters, Ergin Bulut (Hg.): *Cognitive Capitalism, Education and Digital Labor,* New York u.a.: Peter Lang 2011, S. 23-57, hier S. 24f.

14 Vgl. Max Scheler: *Die Wissensformen und die Gesellschaft* [1926], Bern: Francke 1960.

15 Vgl. Jean-Joseph Goux: *Frivolité de la valeur. Essai sur l'immaginaire du capitalisme,* Paris: Blusson 2000.

nisse annahm und die psychologische Wirkung von Werbebotschaften erkundete.

Trotz vieler Studien über die Verflechtungen von Wissen und Ökonomie im 20. Jahrhundert gilt erst die Krise des fordistischen Systems in den mittleren 1970er Jahren als ausschlaggebend für einen ökonomischen Paradigmenwechsel. Aus postoperaistischer Perspektive wurde diese Krise in erster Linie durch die weltweiten Kämpfe der ArbeiterInnen und die Flucht, den Exodus aus der Fabrik sowie die sozialen Bewegungen ausgelöst[16] und läutete jenen »epochalen Wandel«[17] ein, in dem das Wissen so dominant in den Vordergrund jenes neuartigen Akkumulationsprozesses rückte, den wir bis heute in seiner grundlegenden Transformation kapitalistischer Verhältnisse zu verstehen suchen. George Caffentzis zufolge waren es die an diesen Exodus anschließenden Restrukturierungen der Weltwirtschaft – De-Industrialisierung der Produktion, Globalisierung, Computer- und Informationsrevolution –, die bei postmarxistischen und postoperaistischen TheoretikerInnen die »Idee des kognitiven Kapitalismus« hervorgebracht haben.[18]

---

16 Vgl. u.a. Virno, *Exodus*, a.a.O.; Toni Negri, Maurizio Lazzarato, Paolo Virno: *Umherschweifende Produzenten. Immaterielle Arbeit und Subversion*, Berlin: ID-Verlag 1998; Michael Hardt, Antonio Negri: *Empire. Die neue Weltordnung*, übers. von Thomas Atzert und Andreas Wirthensohn, Frankfurt/M., New York: Campus 2002.
17 Caffentzis, »A Critique of ›Cognitive Capitalism‹«, in: Peters/ Bulut, *Cognitive Capitalism*, a.a.O., S. 27.
18 Ebd.

Doch bevor dieser Terminus überhaupt in die Diskussion kam, hatte in den 1990er Jahren der Begriff der »Wissensökonomie« eine Hochkonjunktur. Er wurde nicht nur von ÖkonomInnen und SoziologInnen häufig verwendet; auf die Herausbildung einer »wissensbasierten Ökonomie« verwiesen auch OECD und Weltbank. In der Publikation der Weltbank zur *Higher Education* aus dem Jahr 1994 wird »the emerging role of knowledge as a major driver of economic developement«[19] herausgestrichen; 2002 heißt es bereits: »Knowledge has become the most important factor in economic development.«[20] Erst zur Zeit der geplatzten Dotcom-Blase der New Economy wird auch – vor allem in Frankreich und Italien – ein konzertierter postmarxistischer und postoperaistischer Gegendiskurs zu bürgerlichen und neoliberalen Analysen einer »Wissensökonomie« vernehmbar.[21]

Zwar wurden in den 1990er Jahren sowohl die Begrifflichkeit des »kognitiven Kapitalismus« als auch jene der »immateriellen Arbeit« im Rahmen postmarxistischer und postoperaistischer Theoriebildung ent-

---

19 World Bank: *Higher Education: The Lessons in Experience.* Development in Practice Series, Washington, D.C.: World Bank 1994 (zit. n. Caffentzis, »A Critique of ›Cognitive Capitalism‹«, in: Peters/Bulut, Cognitive Capitalism, a.a.O., S. 28).

20 World Bank: *Constructing Knowledge Societies: New Challenges for Tertiary Education*, Washington, D.C.: World Bank 2002 (zit. n. Caffentzis, »A Critique of ›Cognitive Capitalism‹«, in: Peters/Bulut, Cognitive Capitalism, a.a.O., S. 28).

21 Vgl. *Multitudes. Revue politique, artistique, philosophique*, Nr. 2, 2000, http://multitudes.samizdat.net/-Majeure-BIOECO-NOMIE-BIOPOLITIQUE-

wickelt,[22] doch erst im Laufe der 2000er Jahre erschienen mehrere Sammelbände und Monografien, die die Ausarbeitung und auch die kritische Auseinandersetzung mit dem Konzept des »kognitiven Kapitalismus« erheblich ausdifferenzierten.[23] Im deutschsprachigen Raum findet die Auseinandersetzung mit dem neuen kapitalistischen Paradigma allerdings erst vereinzelt statt.[24] Mit diesem Sammelband fügen wir der Diskus-

22 Vgl. Lorenzo Cillario: »Per una teoria economica del senso«, in: Lorenzo Cillario, Roberto Finelli (Hg.): *Capitalismo e conoscenza. L'astrazione del lavoro nell'era telematica,* Roma: Manifestolibri 1998, S. 41-86; Lazzarato, »Immaterielle Arbeit«, in: Negri u.a., *Umherschweifende Produzenten,* a.a.O.

23 U.a. *Multitudes,* 2/2000, a.a.O.; Christian Azaïs, Antonella Corsani, Patrick Dieuaide (Hg.): *Vers un capitalisme cognitif. Entre mutations du travail et territoires,* Paris: L'Harmattan 2001; Yann Moulier Boutang (Hg.): *L'età del capitalismo cognitivo. Innovazione, proprietà e cooperazione delle moltitudini,* Verona: Ombre Corte 2002; Carlo Vercellone (Hg.): *Capitalismo cognitivo. Conoscenza e finanza nell'epoca postfordista,* Rom: Manifestolibri 2006; Andrea Fumagalli: *Bioeconomia e capitalismo cognitivo,* Rom: Carocci 2007; Yann Moulier Boutang: *Le capitalisme cognitif. La nouvelle grande transformation,* Paris: Amsterdam 2007; Collettivo edu-factory (Hg.): *Università globale. Il nuovo mercato del sapere,* Roma: Manifestolibri 2008 (engl. Übers. 2009); Michael A. Peters, Ergin Bulut (Hg.): *Cognitive Capitalism, Education and Digital Labor,* New York u.a.: Peter Lang 2011. Im Kontext von Prekarisierung siehe u.a. Antonella Corsani, Maurizio Lazzarato: *Intermittents et précaires,* Paris: Amsterdam 2008.

24 Vgl. Alex Demirović: »Gouvernementalität und kognitiver Kapitalismus. Gesellschaftstheoretische Anmerkungen zur Immanenz des Wissens«, in: Thomas Ernst, Bettina Bock von Wülfingen, Stefan Borrmann, Christian P. Gudehus (Hg.): *Wissenschaft und Macht,* Münster: Westfälisches Dampfboot 2004, S. 250-263; Atzert/Müller, *Immaterielle Arbeit und imperiale Souveränität,*

sion zum kognitiven Kapitalismus grundlegende Texte aus wirtschafts- und sozialwissenschaftlichen sowie philosophischen Perspektiven hinzu, Texte, die zum Teil zum ersten Mal in deutscher Sprache zugänglich gemacht werden, wie jene von Antonella Corsani und Enzo Rullani. Der Text von Giggi Roggero und jener von George Caffentzis und Silvia Federici wurden bereits 2009 im multilingualen Webjournal *transversal* in deutscher Übersetzung veröffentlicht.[25]

Im deutschsprachigen Raum sind zwar in den vergangenen Jahren auch theoretische Versuche unternommen worden, sich der Beziehung von Wissen und Ökonomie zu nähern. Vor allem die Arbeiten von Nico Stehr[26] und Manfred Moldaschl[27] sind hier zu nennen. Allerdings ist der institutionelle und metho-

---

a.a.O.; die Ausgaben der multilingualen Netzzeitschrift *transversal*: »Maschinen und Subjektivierung«, November 2006, http://eipcp. net/*transversal*/1106 und *transversal*: »Knowledge Production and its Discontents«, August 2009, http://eipcp.net/*transversal*/0809; Marianne Pieper, Thomas Atzert, Serhat Karakayalı, Vassilis Tsianos (Hg.): *Empire und die biopolitische Wende. Die internationale Diskussion im Anschluss an Hardt und Negri*, Frankfurt/M., New York: Campus 2007; Christian Marazzi: *Verbranntes Geld,* übers. von Thomas Atzert, Zürich: Diaphanes 2011.

25 Für beide Texte siehe die Ausgabe von *transversal* mit dem Schwerpunkt »Knowledge Production and its Discontents«, August 2009, http://eipcp.net/*transversal*/0809.

26 Vgl. Nico Stehr: *Wissen und Wirtschaften. Die gesellschaftlichen Grundlagen der modernen Ökonomie*, Frankfurt/M.: Suhrkamp 2001; ders.: *Wissenspolitik. Die Überwachung des Wissens,* Frankfurt/M.: Suhrkamp 2003.

27 Vgl. Manfred Moldaschl, Nico Stehr (Hg.): *Wissensökonomie und Innovation. Beiträge zur Ökonomie der Wissensgesellschaft*, Marburg: Metropolis 2010; ders. (Hg.): *Verwertung immaterielle*

dische Hintergrund dieser Forschungsansätze zumeist die Soziologie – wohl auch in Wiederaufnahme der langen soziologischen Auseinandersetzung mit der gesellschaftlichen Verfasstheit des Wissens.[28] Folgt man etwa der Argumentation Stehrs,[29] so könnte man die Krise der Wirtschaftswissenschaften angesichts der scheinbar unzähmbaren, nicht in die Schemata der ökonomischen Theorie auflösbaren Ressource Wissen zum Anlass nehmen, eine verloren gegangene Durchlässigkeit der Gesellschaftswissenschaften wiederzugewinnen und dem in vielerlei Hinsicht fragwürdigen Abgleiten der Ökonomik in immer ausgefeiltere mathematische Modelle des menschlichen Handelns von einem wissenschaftlich neuen Standpunkt aus Einhalt gebieten.

IMMATERIELLE MATERIALISIERUNGEN

Seit der Krise des Fordismus in den 1970er Jahren sind für die Zusammensetzung der Arbeitskraft zunehmend Tätigkeiten relevant, die traditionell nicht als Arbeit verstanden wurden. In dem Maße, in dem die Organisation von Arbeit nicht mehr auf das technisch-wissenschaftliche Vermessen von Bewegungsabläufen

---

Ressourcen. Nachhaltigkeit von Unternehmensführung und Arbeit III, München, Mering: Hampp 2007.
28 Vgl. Hanno Pahl, Lars Meyer (Hg.): *Kognitiver Kapitalismus.* Soziologische Beiträge zur Theorie der Wissensökonomie, Marburg: Metropolis 2007.
29 Vgl. Stehr, *Wissen und Wirtschaften*, a.a.O., S. 35-44.

bzw. auf die zentral planbare Verteilung von Aufgaben reduzierbar ist, gewinnen Wissens- und Handlungsformen an Bedeutung, die bis dahin als der ökonomischen Rationalität äußerlich betrachtet worden sind. Es handelt sich um Tätigkeiten, die nicht nur dem kulturellen und künstlerischen Feld zugeordnet wurden, wie Maurizio Lazzarato bereits 1993 für diese neue Arbeitsform herausstellt[30], sondern auch um Tätigkeiten, die als unbezahlte in erster Linie Frauen im Reproduktionsbereich zugeteilt wurden, wie affektive und emotionale Arbeit.[31] Tätigkeiten, die heute vor allem im Dienstleistungssektor gefordert werden, kreative, affektive und kommunikative Tätigkeiten, werden mit dem Begriff der »immateriellen Arbeit« bezeichnet, weil sie nicht unmittelbar und nicht in erster Linie ein Produkt, eine Ware herstellen und deshalb im traditionellen Sinne als unproduktiv gelten. Dies heißt allerdings nicht, dass immaterielle Arbeit jeder materiellen Grundlage entbehrte.[32] Um die neue Zusammensetzung der Arbeit darzustellen, braucht es zwar zum einen die Beschreibungen und Erklärungen in Denkweisen, die auf den Industriekapitalismus fokussieren, wie »immaterielle

---

30 Vgl. Lazzarato, »Immaterielle Arbeit«, in: Negri u.a., *Umherschweifende Produzenten*, a.a.O.

31 Vgl. Precarias a la deriva: »*Was ist dein Streik?*« – *Militante Streifzüge durch die Kreisläufe der Prekarität*, übers. von Birgit Mennel, eingel. von Birgit Mennel und Stefan Nowotny, Bd. 11 der Reihe »es kommt darauf an«, Wien: Turia + Kant 2011.

32 Vgl. Klaus Neundlinger: »Was ist immaterielle Arbeit?«, 2009, http://www.igbildendekunst.at/bildpunkt/2009/immateriellearbeit/neundlinger.htm.

Arbeit« oder Arbeit ohne Produkt oder Werk.[33] Aber: »Die Entgegensetzung von manueller und intellektueller, von materieller und immaterieller Arbeit riskiert, den neuartigen Charakter der produktiven Tätigkeiten nicht zu ermessen, die gerade diese Trennungen integrieren und transformieren.«[34]

Es ist notwendig, neue theoretische Beschreibungen zu erfinden, die die alten Sprachen und Denkweisen überschreiten, mit ihnen brechen, um das neue politisch-ökonomische Paradigma zu erfassen, das hier als »kognitiver Kapitalismus« bezeichnet wird. Zum anderen aber ist es notwendig, die neue Dimension von Arbeit und ihre Verwertung zu begreifen, um die Potenzialitäten für politische Zusammensetzungen der kognitiv Arbeitenden einschätzen zu können.

Vor diesem Hintergrund benötigen wir einen neuen Begriff von ökonomischer Materialität. Wenn die Form der Arbeit auf Kognition, auf Wissen, Kommunikation und Affekt basiert, dann wird tendenziell die ganze Person zur Arbeitskraft, ihr Körper und ihre intellektuellen Fähigkeiten. Die Produktivität dieser Form von Arbeit besteht in der Herstellung von Subjektivitäten. Produktionsprozesse im kognitiven Kapitalismus verwerten nicht nur die Persönlichkeiten und Subjektivitäten der Arbeitenden, sondern Subjektivierungsweisen entstehen kaum mehr unabhängig von ökonomischen Verwertungslogiken. Die Subjekte werden zu Rohstoff und Produkt des neuen Paradigmas der politischen

---

33 Vgl. Virno, *Grammatik der Multitude,* a.a.O., S. 61-91.
34 Lazzarato, »Immaterielle Arbeit«, in: Negri u.a., *Umher-schweifende Produzenten,* a.a.O., S. 40.

Ökonomie: Im kognitiven Kapitalismus stellen Wissen und soziale Interaktionsfähigkeiten Rohstoffe dar, Produktionsmittel sind nicht länger nur die Maschinen in der Fabrik, sondern die Körper der einzelnen Arbeitenden. Damit wird nicht erneut der Körper vom Geist getrennt, sondern diese Trennung wird vollkommen obsolet, da Körper und Wissen, die manuellen und intellektuellen Fähigkeiten, zugleich und untrennbar zum Rohstoff für den Produktionsprozess und zur Produktionskraft werden. In der Inwertsetzung des Wissens als Körpermaschinen[35] entstehen schließlich neue Materialitäten in Form von Subjektivitäten und Sozialitäten, die zugleich nicht verwertbare Überschüsse produzieren.[36] Anders formuliert: Wenn der Austausch des Wissens, die intellektuelle und affektive Kooperation für die Produktion von Mehrwert entscheidend wird, schwindet die strategische Bedeutung der traditionell materiellen maschinellen Produktionsmittel. Eine Reihe ihrer produktiven Funktionen wird auf die lebendigen Körper der Arbeitskraft übertragen.[37]

---

35 Vgl. Christian Marazzi: »Capitalismo digitale e modello antropogenico del lavoro. L'ammortamento del corpo macchina«, in: Jean-Louis Laville, Christian Marazzi, Michele La Rosa, Federico Chicchi (Hg.): *Reinventare il lavoro*, Rom: Sapere 2005, S. 107-126.
36 Vgl. u.a. Lazzarato, »Immaterielle Arbeit«, in: Negri u.a., *Umherschweifende Produzenten,* a.a.O.; Hardt/Negri, Empire, a.a.O.
37 Vgl. Marazzi, *Verbranntes Geld,* a.a.O., S. 58. – Die Körper transformieren zu Maschinen weniger im Sinne von Cyborgs, vielmehr können sie im Guattari'schen Sinne als maschinisch verstanden werden: gleichzeitig als soziale Verkettung sowie als ökonomisch unterworfene und sich selbst unterwerfende Maschine (vgl. Félix Guattari: »Maschine und Struktur«, in: ders.: *Psychotherapie,*

Auf die Möglichkeit eines solchen Transformationsprozesses hat bereits Marx im »Fragment über die Maschinen« in seinem Manuskript *Grundrisse der Kritik der politischen Ökonomie* verwiesen – und diese
Textpassagen sind einer der zentralen Referenzpunkte
der unterschiedlichen Positionen zum kognitiven Kapitalismus. Marx kommt in seinem Maschinenfrag-
ment auf das allgemeine Wissen zu sprechen, auf den
General Intellect in seiner gesellschaftlichen Funktion
als unmittelbare Produktivkraft. Der General Intellect
ist immer schon in die maschinellen Produktionsmittel
eingegangen; all das Wissen, das es braucht, um die
Maschinen zu entwerfen und zu bauen, ist in ihnen
materialisiert. »Sie [die Maschinen usw.] sind *von der
menschlichen Hand geschaffne Organe des menschlichen Hirns*; vergegenständlichte Wissenskraft. Die
Entwicklung des capital fixe zeigt an, bis zu welchem
Grade das allgemeine gesellschaftliche Wissen, knowledge, zur *unmittelbaren Produktivkraft* geworden ist,
und daher die Bedingungen des gesellschaftlichen Lebensprozesses selbst unter die Kontrolle des general
intellect gekommen, und ihm gemäß umgeschaffen
sind.«[38]

Marx prognostiziert hier eine kapitalistische Entwicklung, die Virno zufolge den Grundpfeiler der gesell-

Politik und die Aufgaben der institutionellen Analyse, übers. von
Grete Osterwald, Frankfurt/M.: Suhrkamp 1976, S. 127-138).
38 Karl Marx: *Grundrisse der Kritik der politischen Ökonomie*,
MEW, Bd. 42, Berlin: Dietz 1983, S. 602, Herv. i.O.

schaftlichen Produktionsverhältnisse selbst untergräbt und widerlegt: das Obsoletwerden des Wertgesetzes, wonach der Wert einer Ware an der darin enthaltenen Arbeitszeit bemessen wird.[39] Wenn das allgemeine, vor allem wissenschaftliche Wissen, also der General Intellect, nicht mehr nur mittelbar, sondern unmittelbar zur Produktivkraft wird, werden wiederholende und segmentierte Arbeiten marginal. Das allgemeine Wissen, »das Ensemble der abstrakten Wissensarten«[40], steht nun im Zentrum der gesellschaftlichen Produktion und bestimmt den gesamten Lebenszusammenhang. Marx sah in dieser Entwicklung eine Möglichkeit der Befreiung aus kapitalistischen Verhältnissen, dann nämlich, wenn die Produktivkraft des Wissens, die das Leben bestimmt, weiterhin in der Logik des alten Wertgesetzes an der darin verkörperten Arbeitszeit bemessen wird. Hält dieser unumgängliche Widerspruch an, bricht laut Marx »die auf dem Tauschwert ruhende Produktion zusammen« und die »freie Entwicklung der Individualitäten« kann stattfinden.[41]

In den 1990ern war es offensichtlich, so Paolo Virno, dass sich die Entwicklung, die Marx in den *Grundrissen* vorhergesehen hatte, realisierte, »allerdings ohne ihre emanzipatorische Umkehrung«.[42] Die unaufhebbaren Widersprüche, die Marx diagnosti-

---

39 Vgl. Paolo Virno: »Wenn die Nacht am tiefsten ... Anmerkungen zum General Intellect«, in: Atzert/Müller, *Immaterielle Arbeit,* a.a.O., S. 148-155, hier S. 149.

40 Ebd., S. 148.

41 Marx, *Grundrisse,* MEW 42, a.a.O., S. 601.

42 Virno, »Wenn die Nacht am tiefsten ...«, in: Atzert/Müller, *Immaterielle Arbeit,* a.a.O., S. 150.

zierte, sind »zu einem stabilen Bestandteil der existie-
renden Produktionsweise geworden«.[43] Die zentrale
Aufgabe besteht gegenwärtig nicht nur darin, die neue
Produktionsweise adäquat zu erfassen, sondern zugleich »den roten Faden der Konfliktualität und der
radikalen Kritik wiederzufinden«.[44]

VERKNAPPUNG

Durch die artifizielle und willkürliche Messung des
Wissens wird in der traditionellen Logik der Feststellung des Werts künstlich Knappheit erzeugt, zum Beispiel durch die Regulation von UrheberInnenrechten,
die Evaluierung und Modularisierung von Wissen in
den Institutionen der Bildung und Ausbildung, aber
auch durch die Verknappung gesicherter Arbeitsver-
hältnisse. Prekarisierung ist ebenfalls ein Effekt dieser
Logik der Verknappung.

In der Weise, in der gegenwärtig Kenntnisse, Wissen und soziale Kooperationen zur Produktionskraft
werden, die Arbeit sich auf das gesamte Leben ausbreitet, die Arbeitszeit kein klares Ende mehr hat und der
Arbeitstag sich scheinbar unendlich verlängert, werden
Investitionen von Seiten des Kapitals in viel geringerem
Maße in die Steigerung von Beschäftigungsverhältnis-
sen gesteckt, als in die Steigerung von Aktienkursen. So
besteht die neue Qualität der Akkumulation von Wissen nicht nur darin, dass sie vor allem außerhalb der

---

43 Ebd.
44 Ebd.

industriekapitalistischen Produktionsprozesse statt-findet. Die Produktion von Wissen wird auch durch die Strategien der Verknappung in einem »Außen« des Lohns und der sozialen Absicherung gehalten. Die kreativen, kommunikativen und affektiven Fähigkeiten der Arbeitskräfte, die in der Regel außerhalb einer entlohnten Anstellung entstehen, werden durch das Kapital als nicht bezahlte Arbeit angeeignet. Zur Steigerung der Profitrate wird der permanent entstehende Überschuss des Wissens auch in der nicht oder nicht angemessen stattfindenden Entlohnung verknappt. Der potenzielle Reichtum der Zeit der Nicht-Lohnarbeit erscheint als Mangel, und die individualisierten Einzelnen, die keinem Fabrikregime mehr unterworfen sind, werden zu disziplinierenden Selbstregierungen angehalten, die Gehorsam sicherstellen.[45]

Enzo Rullani, der in Venedig Ökonomie lehrt, und der Soziologe Gigi Roggero bemerken in ihren Beiträgen zu diesem Band, dass Wissensarbeit immer auch im Konsum der eigenen Tätigkeit besteht, genauso wie die KonsumentInnen in der Wissensökonomie an der Wertschöpfung beteiligt sind, also im Grunde genommen Arbeit verrichten. Es bleibt also die Frage nach dem Wert der Erfahrung, die das produktive Konsumieren und das konsumptive Produzieren ausmacht, also die Frage, wer in welcher Form über die zu schaffenden Werte bestimmt, inwiefern soziale, ökologische, politische und kulturelle Belange, die mit öko-

---

45 Vgl. Isabell Lorey: *Die Regierung der Prekären*, mit einem Vorwort von Judith Butler, Bd. 14 der Reihe »es kommt darauf an«, Wien: Turia + Kant 2012.

nomischer Wertbildung verbunden sind, ausgehandelt werden. Dabei spielen die Subjektivierungsformen innerhalb des kognitiven Kapitalismus eine entscheidende Rolle.

Der inwertsetzende Zugriff auf Subjektivitäten und soziale Beziehungen findet bei stagnierenden Arbeit schaffenden Investitionen und steigenden Renditen statt. Dementsprechend weitet sich auch im Zuge des neoliberalen Umbaus des Sozialstaats Prekarisierung mehr und mehr aus, wird normalisiert und zu einem grundlegenden Faktor der Finanzialisierung der Ökonomie. Prekarisierung und stagnierende Reallöhne wurden in den vergangenen Jahren von den Einzelnen nicht selten durch private Verschuldungen abzufedern versucht. Im gleichen Moment (re-)investierten Unternehmen und Versicherungsanstalten an der Börse die Rücklagen und Ersparnisse von Beschäftigten, zum Beispiel in Form von Rentenfonds.[46] Dem in Lugano lehrenden Ökonomen Christian Marazzi zufolge stellt die Ausweitung der Finanzbranche seit den 1980er Jahren die Kehrseite der dominanten Herausbildung eines kognitiven Kapitalismus dar. Die Finanzialisierung mitsamt ihren zyklischen Krisen seien nur vor dem Hintergrund der Inwertsetzung der »Biopolitik der Arbeit«[47] zu analysieren und die gegenwärtigen Krisen mithin nicht zu verstehen ohne die Analyse der neuen Zentralität der kognitiven lebendigen Arbeit.

---

46 Vgl. Marazzi, *Verbranntes Geld,* a.a.O., S. 115.
47 Ebd., S. 114.

Aber die Geschichte der Verknappung ist nicht die ganze Geschichte, es ist eher eine unangemessene Geschichte, zumindest wenn es darum geht, die Dynamiken eines kognitiven Kapitalismus zu verstehen. Die Verknappung bändigt nicht zur Gänze die Fülle, sie ist nicht total, und die Inwertsetzung der Kreativität und des Wissens kann nie ganz gelingen. Es gibt nicht nur immer etwas, das ihr entgeht. Statt dies zur Kenntnis zu nehmen reinstalliert eine Theorie der Verknappung des Wissens das Fabrikparadigma in einer maßgeblichen Position, die es längt verloren hat. Nicht verloren hat das Fabrikparadigma des Werts offenkundig seine ideologische Kraft, wie sich an den Bewältigungsversuchen der aktuellen Finanzkrisen zeigt.

Statt der Reproduktion der Verknappungslogik geht es darum, so die Professorin für Wirtschaft in Paris, Antonella Corsani, an der »Zerstörung der ständischen Ordnung des Wissens«[48] zu arbeiten, und von der Vielfalt der nicht kapitalisierbaren Wissensproduktion aus zu denken. Wenn Wissen nicht einfach eine Ware ist, wie Kenneth Arrow bereits Anfang der 1960er Jahre festgestellt hat,[49] dann ist nicht nur das

---

48 Corsani, »Wissen und Arbeit im kognitiven Kapitalismus«, in: Atzert/Müller, *Immaterielle Arbeit,* a.a.O., S. 172.

49 Vgl. Kenneth Arrow: »Economic Welfare and the Allocation of Ressources for Invention«, in: National Bureau of Economic Research (Hg.): *The Rate and Direction of Inventive Activity. Economic and Social Factors.* Princeton: Princeton University Press 1962, S. 609-625.

Wertgesetz unangemessen, sondern mehr noch: die Grundlagen eines kognitiven Kapitalismus sind bei Marx nicht zu finden. Die Marx'sche Analyse der Produktionsweise ist nicht ohne weiteres auf die »immaterielle« Produktion zu übertragen.[50]

Blicken wir auf das wissenschaftliche Wissen, bleibt es auch im Zuge der neoliberalen institutionellen Umstrukturierung formell unabhängig, es ist noch immer ein öffentliches Gut, das frei zugänglich ist, auch wenn dies umgekehrt keineswegs für den Zugang zu Bildung zutrifft. In diesem Sinn wird durch Gebühren sowie hierarchisierte und klassifizierte Einrichtungen zwar der Zugang zu Bildung teilweise privatisiert, wissenschaftliches Wissen allerdings kann letztlich nicht privat angeeignet werden.[51] Dennoch nimmt die Privatisierung des Wissens durch Patente, Copyright und Lizenzen, oder auch die Privatisierung ganzer Zweige des öffentlichen Dienstes beständig zu, Prozesse, in denen künstlich Knappheit am Gemeinsamen des Wissens geschaffen wird.[52]

Gemeingüter, so Marazzi, bestehen gegenwärtig »gewissermaßen aus *menschlichem Rohstoff* […], aus jenen dem Leben eigenen Fähigkeiten, die den Reichtum selbstbestimmt zu produzieren vermögen«. Zugleich findet in der Finanzialisierung permanent die »Produktion und Enteignung dessen [statt], was wir

50 Vgl. Corsani, »Wissen und Arbeit im kognitiven Kapitalismus«, in: Atzert/Müller, *Immaterielle Arbeit*, a.a.O., S. 164f.
51 Vgl. ebd., S. 163.
52 Vgl. Marazzi, *Verbranntes Geld*, a.a.O., S. 119f.

das Gemeinsame oder *das Commune* nennen«.[53] Die Subjekte, so Gigi Roggero in diesem Band, werden an der gemeinsamen Aneignung dessen gehindert, was sie gemeinsam produzieren.

Um dem ein anderes Denken entgegen zu setzen, plädiert Antonella Corsani dafür, Reichtum nicht länger von der Arbeitszeit her zu begreifen, sondern von einer anderen, davon unabhängigen Zeit: der »freien schöpferischen Zeit«[54]. Und Paolo Virno schreibt: »Es wird immer einen Überschuss an Zeit geben. Doch es geht um die Form, die dieser Überfluss annehmen kann.«[55] Die Formen des gesellschaftlichen Wissens stellen die »maßlose Voraussetzung heterogener operativer Möglichkeiten«[56] dar. Und einer der entscheidenden Gesichtspunkte, den roten Faden der Konfliktualität und der Kritik wieder aufzunehmen, liegt darin, dass diese Möglichkeiten nie außerhalb der Subjektivitäten existieren, die die Formen des Wissens konstituieren. Der Intellekt existiert nicht mehr jenseits des Arbeitssubjekts. Die Formen des gesellschaftlichen, des gemeinsamen Wissens sind eigentlich maßlos: Sie repräsentieren nichts, sie sind nicht vergleichbar und auch nicht äquivalent. Die Produktivität des gesellschaftlichen Wissens bringt nicht nur die »eindeutigen Repräsentationen im gesellschaftlichen Produktionsprozess

---

53 Ebd., S. 119, Herv. i.O.

54 Corsani, »Wissen und Arbeit im kognitiven Kapitalismus«, in: Atzert/Müller, *Immaterielle Arbeit,* a.a.O., S. 164.

55 Virno, »Wenn die Nacht am tiefsten …«, in: Atzert/Müller, *Immaterielle Arbeit,* a.a.O., S. 152.

56 Ebd.

durcheinander«, sondern wälzt auch »die Grundlagen der politischen Repräsentation« um.[57]

GLOBALE ARBEITSTEILUNG UND REPRODUKTION

Gigi Roggero macht in seinem Text deutlich, dass unter den Bedingungen eines kognitiven Kapitalismus traditionelle Vorstellungen von internationaler Arbeitsteilung grundlegend überdacht werden müssen. Roggero unterstreicht, dass eine Trennung in postfordistische Zentren und industriekapitalistische Peripherien angesichts der migrantischen Bewegungen und Kämpfe, die das Kapital dazu zwangen, sich zu globalisieren, nicht mehr aufrecht zu erhalten ist. Die Grenzen von Zeit und Raum lösen sich auf und formieren sich in neuen Anordnungen. Das bedeutet keineswegs, dass wir es mit homogenisierten Arbeitsformen zu tun hätten, die keine Differenzierung, vor allem in ihrem Maß der Ausbeutung, mehr zuließen. Allerdings befinden sich Produktionsverhältnisse, die ehemals in die einer »ersten« und einer »dritten« Welt unterschieden wurden, heute in der gleichen Metropole, die daher unmittelbar zu einem globalen Ort wird.

Roggero geht wie viele andere in der Debatte davon aus, dass industriekapitalistische Produktions- und Ausbeutungsverhältnisse weiterhin bestehen, mehr

---

57 Ebd., S. 153; siehe auch Virno, *Grammatik der Multitude,* a.a.O.

noch: sich mit dem kognitiven Akkumulationsregime verbinden können. Es geht in der Analyse eines kognitiven Kapitalismus nicht um eine Ab- oder Auflösung bisheriger kapitalistischer Verhältnisse, sondern um den Prozess des Hegemonialwerdens einer Ökonomie des Wissens.[58] Neben den hierarchisierten Arbeitsteilungen in den globalisierten Metropolen findet gleichzeitig eine Verlagerung der Produktion in Länder statt, in denen weiterhin die nicht qualifizierte Arbeitskraft billig zu haben und zu unterwerfen ist. So berechtigt man daher behaupten kann, dass die Computer- und Internet-gestützte Ökonomie neue Welten aufgetan hat, zu kooperieren und jenseits der Knappheit, der Teilbarkeit und der instrumentellen Rationalität Wissen, Inhalte, Leistungen zu generieren, so sehr hat sich auch die »dunkle Seite« des Aufstiegs der Wissensarbeit in den westlichen, postindustriellen Gesellschaften erhalten und verschärft, insofern der Industriekapitalismus in weiten Teilen der Welt ohne Rücksicht auf grundlegende Rechte, Entwicklungschancen und zuneige gehende Ressourcen sein Zerstörungswerk fortsetzt.

Dem entsprechend weisen die feministische Sozialwissenschaftlerin Silvia Federici und der politische Philosoph George Caffentzis in ihrem gemeinsamen Text darauf hin, dass die Analyse einer zeitgenössischen kapitalistischen Logik nur unter der Berücksichtigung aller Verhältnisse betrachtet werden kann, und nicht allein anhand der zunehmenden Bedeutung von Wis-

---

58 Vgl. auch Hardt, »Affektive Arbeit«, in: Atzert/Müller, *Immaterielle Arbeit,* a.a.O. und Hardt/Negri, Empire, a.a.O.

sen zu beurteilen ist. Gerade durch internationale geschlechtliche und rassifizierte Aufteilungen der Arbeit produziert der Kapitalismus enorme Ungleichheiten, die unter den gegenwärtigen Bedingungen der ansteigenden wirtschaftlichen Akkumulation von Wissenschaft und Technologie sogar weiter verstärkt werden. So nimmt parallel zu einem sich seit den 1970er Jahren herausbildenden kognitiven Kapitalismus weltweit der Analphabetismus, vor allem unter Frauen, in gravierendem Maße zu. Es gehört zu den Logiken des Kapitalismus, so Federici und Caffentzis, dass nicht alle, die am Akkumulationsprozess beteiligt sind, auf der gleichen Ebene Arbeit verrichten oder gar Zugang zu Wissen haben müssen.

Auch wenn eine Hegemonialisierung des Kognitiven zu konstatieren ist, bedeutet dies keineswegs eine Homogenisierung aller Arbeitskraft, das Ende von Hierarchien und Ungleichheiten. Es gelte, von antikolonialen Bewegungen und feministischen Kämpfen zu lernen, so Federici und Caffentzis, und in Erinnerung zu behalten, dass es für die kapitalistische Akkumulation charakteristisch ist, gleichzeitig Entwicklung und Unterentwicklung, bezahlte und unbezahlte Arbeit, Wissen und keinen Zugang dazu zu organisieren. Caffentzis' und Federicis Analyseperspektive geht von Kämpfen aus und problematisiert theoretische Argumentationen im Hinblick auf Kämpfe. Sie wendet sich gegen eine undifferenzierte Konzeption von kognitiver Arbeit, die zudem im Hegemonialwerden eines kognitiven Kapitalismus als produktivste und avancierteste verstanden werden könnte. Nicht nur für die theoretische, sondern auch für die politische Auseinandersetzung bestehe die Gefahr, Hierarchisierungen zu bestätigen, die durch die Globalisierung kapitalistischer Verhältnisse überhaupt erst entstanden sind. Federici und Caffentzis stellen bereits Symptome dafür fest, dass alte Denkfehler wiederholt werden, vor allem wenn Hausarbeit unter die neuen Begrifflichkeiten der kognitiven und affektiven Arbeit subsumiert wird. Durch eine solche Herangehensweise werde nicht endlich die vor allem auf Affekten und der Herstellung sozialer Beziehungen beruhende Sorgearbeit, die vor allem Frauen verrichten, systematisch mitgedacht, sondern gerade umgekehrt erneut die Besonderheiten reproduktiver Arbeit negiert. SozialistInnen und MarxistInnen waren meist blind für die gewaltige Bedeutung von Hausarbeit für die Reproduktion der Arbeitskraft im Industriekapitalismus, was nicht selten zur Geringschätzung und Bekämpfung des Feminismus geführt habe. So ignoriere auch ein Verständnis von kognitiver Arbeit als neues umfassendes zeitgenössisches Phänomen die vielen Formen des Wissens, die vor allem von Frauen über lange Zeit hinweg entwickelt wurden.[59] Es braucht mithin nicht nur aus analytischen Gründen weitere Differenzierungen, um in den Kämpfen gegen das neue kapitalistische Paradigma nicht von einheitlichen Gemeinsamkeiten auszugehen, sondern in der Verschiedenheit der Wissensformen und -produkti-

59 Vgl. auch Federici, Caliban and the Witch, a.a.O.; sowie die Texte von Silvia Federici: »On Affective Labor«, in: Peters/Bulut, *Cognitive Capitalism*, a.a.O., S. 57-74; Susanne Schultz: »Biopolitik und affektive Arbeit bei Hardt/Negri«, in: *Das Argument,* Nr. 248, 2002, S. 696-708.

onen, angesichts der Differenzen und Ungleichheiten zwischen HausarbeiterIn, SexarbeiterIn, ProgrammiererIn und NetzkünstlerIn beispielsweise, das ihnen Gemeinsame erst herauszufinden. Nicht für alles braucht es neue Inventionen, so Federici und Caffentzis: In der globalisierungskritischen Bewegung (und ebenso in der europäischen Bewegung der Prekären, der EuroMayDay-Bewegung[60]) wurden bereits politische Praxen der Zusammensetzung, der Konstituierung erprobt, die von verschiedenen Situiertheiten ausgehen und nicht von einer vorausgehenden gleichmachenden Arbeitsform und einem Ausbeutungsverhältnis. In der Konstituierung des Gemeinsamen wird, Roggero zufolge, »in der Kommunikation der Kämpfe sowie in der Verbindung unterschiedlicher Befreiungsmöglichkeiten« die »Frage der Übersetzung« zu einer der zentralen Fragen.[61]

---

60 Vgl. u.a. Gerald Raunig: *Tausend Maschinen. Eine kleine Philosophie der Maschine als sozialer Bewegung*, Bd. 7 der Reihe »es kommt darauf an«, Wien: Turia + Kant 2008; vgl. auch Isabell Lorey: »Gemeinsam Werden. Prekarisierung als politische Konstituierung«, in: *Grundrisse*, Nr. 35, 2010, http://www.grundrisse. net/grundrisse35/Gemeinsam_Werden.htm.
61 Vgl. Giggi Roggero: »Die Autonomie des lebendigen Wissens in der metropolitanen Universität«, übers. von Birgit Mennel und Martin Birkner, in: *transversal*: »Instituierende Praxen«, Juli 2007, http://eipcp.net/transversal/0707/roggero/de; ders.: *La produzione del sapere vivo. Crisi dell'università e trasformazione del lavoro tra le due sponde dell'Atlantico*, Verona: Ombre Corte 2009.

Wenn Caffentzis und Federici vor wiederkehrenden
Fehlern im Rahmen kapitalismuskritischer Analysen
und politischer Praxen warnen, verstehen sie sich zugleich als Teil eines transnationalen Kollektivs, das die
Universität in anbetracht eines kognitiven Kapitalismus als einen der zentralen Orte der Auseinandersetzung versteht: das Kollektiv der Edu-factory (www.
edu-factory.org).

» Was einst die Fabrik war, ist nun die Universität.«
So beginnt das Manifest der Edu-factory, des selbst-
organisierten Netzwerks, das weltweit die Kämpfe an
den Universitäten verlinkt.[62] Die Universität als Fabrik des Wissens[63] zu metaphorisieren, rekurriert zum
einen auf das neue Paradigma der Akkumulation, und
zum anderen unterstreicht es die Möglichkeit und Notwendigkeit von Kämpfen im Kontext der Universität
als jenem entscheidenden Ort, »an dem breite soziale
Kämpfe gewonnen und verloren gehen«.[64] 2006 star-
tete die Edu-factory als zeitlich begrenzte und nicht
offene Mailingliste, auf der sich Debatten über die neoliberalen Transformationen der Universitäten sowie

---

62 The Edu-factory Collective: »The Edufactory Manifesto«,
http://www.edu-factory.org/wp/about/ sowie The Edu-factory
Collective: »Introduction. All Power to Self-Education!«, in: dass.
(Hg.): *Towards a Global Autonomous University. Cognitive Labor,
the Production of Knowledge, and Exodus from the Education
Factory,* New York: Autonomedia 2009, S. 0-17.
63 Vgl. Gerald Raunig: *Fabriken des Wissens. Streifen und Glätten 1,* Zürich: Diaphanes 2012.
64 Caffentzis/Federici in diesem Band.

über die Konstituierung autonomer Institutionen entspannten, um Freiräume und Möglichkeiten der Selbstorganisierung innerhalb und außerhalb existierender universitärer Bildungsfabriken auszuloten.[65]

Als Ende 2008 die Studierenden in Italien ihre Universitäten bestreikten, besetzten und gegen den neoliberalen Umbau der Bildungseinrichtungen protestierten, erschien zeitgleich die erste Textkompilation des Edufactory-Kollektivs mit dem Titel *L'università globale: il nuovo mercato del sapere*.[66] Das Buch wurde während der Kämpfe der *onda anomala*, wie die Studierendenproteste genannt wurden, oftmals in ganz Italien präsentiert, ging in die diskursiven Auseinandersetzungen um die Universitäten ein und fachte die Kämpfe zugleich an. Wie eine Welle der Ansteckung verbreiteten sich die Besetzungen und Streiks an den europäischen Universitäten, vor allem im Jahr 2009. Immer wieder organisierte und organisiert die Edu-factory transnationale Zusammenkünfte, in denen die singulären und verketteten Kämpfe – auch über Europa hinaus – thematisiert werden und nach gemeinsamen Strategien gesucht wird.

Für Gigi Roggero, Aktivist im Edu-factory-Kollektiv, stellt die Universität deshalb eine neue Form der Fabrik dar, weil ihre kennzeichnende Weise, Wissen

---

65 Vgl. Edu-factory Collective, »The Edufactory Manifesto«, a.a.O.

66 Collettivo edu-factory (Hg.): *Università globale. Il nuovo mercato del sapere,* Roma: Manifestolibri 2008; für die englische Übersetzung siehe The Edu-factory Collective, *Towards a Global Autonomous University,* a.a.O.

zu organisieren, die lebendige Arbeit zu kontrollieren und zu disziplinieren, im gegenwärtigen Kapitalismus unmittelbar produktiv werde. Die Universität ist eine der zentralen Produktionsstätten für neue Formen kognitiver Arbeit und zugleich verliert sie ihre zentrale Funktion in der Vermittlung von Wissen. Denn die universitären Institutionen unterliegen selbst dem Wahn der Messbarkeit, des Rankings. »Im Lexikon des Universitätsmanagements wird das Wort *Gleichheit* durch *equity* ersetzt, was Gleichheit und differentielle Inklusion gleichermaßen bedeutet. Das grundlegende Kampffeld verläuft damit nicht entlang einer Ausschlusslinie, sondern entlang qualitativer Einschlüsse. Die metropolitane Universität ist nicht ein Ort der Schulung von Eliten oder der Ausweitung der Massenbildung: die metropolitane Universität ist im Markt des lebenslangen Lernens vielmehr einer der Knotenpunkte und Dispositive zur Regulierung des Werts der kognitiven Arbeit.«[67]

Wie Caffentzis und Federici argumentiert auch Roggero gegen Analysen eines kognitiven Kapitalismus, die vor allem auf solche Segmente von ArbeiterInnen fokussieren, in denen Wissen in besonderem Maße zum Einsatz kommt und die um Anerkennung und Aufwertung dieser Arbeiten kämpfen. Eine Anerkennungspolitik, die nichts will als die Lücke zwischen Selbstpositionierung und sozialem Status zu schließen, manifestiere jene Segmentierungen von Arbeit, die durch kapitalistische Hierarchisierungen zuallererst

---

67 Roggero, »Die Autonomie des lebendigen Wissens in der metropolitanen Universität«, in: *transversal*, a.a.O., Herv. i.O.

entstehen. Unverstanden bleibt dabei, dass wir es mit einer Regierungsform zu tun haben, die über Verdienst und Leistung operiert, und mit einer ökonomischen Logik der Verknappung, die dem »Humankapital« seinen Wert und die Anerkennung seiner Diplome verweigert. Die Regierungsform der Meritokratie ist die gouvernementale Legitimation des künstlichen und willkürlichen Wertmaßes von Wissen. Sie reguliert die hierarchisierten Differenzen, die durch dieses Messen und Modularisieren entstehen.

Wird der Reichtum des Wissens messbar gemacht, wird das Gemeinsame zu hierarchisierten Differenzen, die nebeneinander segmentiert aufgegliedert und identitär reguliert werden. Hinsichtlich der dringend notwendigen Neuorganisierung des Wissens sollte es Roggero zufolge zu einer »Universität des Gemeinsamen« kommen, als Akt der kollektiven Aneignung dessen, was das Vermögen des kollektiven Wissens produziert.

VON DER ÖKONOMIE ZUR ÖKONOMIK DES WISSENS

Die Texte von Antonella Corsani und Enzo Rullani stehen exemplarisch für Debatten in Frankreich und Italien, in denen ein Übergang von der »Ökonomie des Wissens« zur post-neoklassischen »Ökonomik des Wissens« konzipiert wird. Rullanis systematisches Werk zur Wissensökonomie liegt mittlerweile in deutscher Übersetzung vor;[68] von Corsani, die als Aktivistin und Soziologin zusammen mit Maurizio Lazzarato eine einschlägige Studie zu den Kämpfen der französischen Intermittents vorgelegt hat, sind erst einige Aufsätze ins Deutsche übersetzt.[69]

Beide zeigen auf, aus welchen Gründen die Wirtschaftswissenschaften an ihren eigenen, inhärenten Paradigmen scheitern, wenn sie den Versuch unternehmen, Wissen als ökonomisches Faktum zu analysieren. Sowohl Corsani als auch Rullani setzen mit ihrer Fra-

---

68 Enzo Rullani: *Ökonomie des Wissens. Kreativität und Wertbildung im Netzwerkkapitalismus,* Wien, Berlin: Turia + Kant 2011.
69 Als Intermittents bezeichnen sich die KulturarbeiterInnen in Frankreich, weil sie seit den 1960er Jahren bis 2004 zwischen zwei Projekten oder Produktionen Arbeitslosengeld erhalten konnten und ihnen so in einer Situation der Unterbrechungen und der extremen Flexibilität eine gewisse Kontinuität des Einkommens garantiert war. Die seit 2003 stattfindenden Kämpfe der Intermittents du Spectacle beziehen sich über das engere Feld der Kulturschaffenden hinaus auf alle in einer wissensbasierten Gesellschaft prekär und unstetig Arbeitenden (vgl. GlobalProject/Coordination des Intermittents et Précaires d'Ile de France: »Spektakel diesseits und jenseits des Staates. Soziale Rechte und Aneignung öffentlicher Räume: die Kämpfe der französischen Intermittents«, übers. von Michael Sander, in: *transversal*: »Precariat«, Juli 2004, http://eipcp.net/*transversal*/0704/intermittents/de; vgl. auch Corsani/Lazzarato, *Intermittents et précaires,* a.a.O.; neben den bereits angegebenen Texten siehe Antonella Corsani: »Wissensproduktion und neue politische Aktionsformen. Die Erfahrungen der Intermittents in Frankreich«, übers. von Stefan Nowotny, in: *transversal*: »Militante Untersuchung«, April 2006, http://eipcp.net/*transversal*/0406/corsani/de; Antonella Corsani: »›Was wir verteidigen, verteidigen wir für alle‹. Spuren einer Geschichte in Bewegung«, übers. von Karoline Feyertag, in: *transversal*: »On Universalism«, Juni 2007, http://eipcp.net/*transversal*/0607/corsani/de.

gestellung an einem Punkt an, auf den die Ökonomik immer wieder zurückkommen muss, um ihr eigenes methodisches Vorgehen zu rechtfertigen: an der Frage, wie durch eine bestimmte Ressource Wert geschaffen wird. Mit anderen Worten ist auch die Ökonomik darauf angewiesen, über ein methodisch legitimes Modell des menschlichen Handelns zu verfügen. Will sie erklären, wie durch Wissen Wert entsteht, muss sie Antworten auf die Frage finden, wie ein Subjekt beschaffen sein muss, das Wissen herstellt. Die soziologische Herangehensweise beantwortet diese Frage, indem sie sie in einem konkreten historischen, sozialen und auch technischen Kontext verankert, also den Prozess der Wertschöpfung nicht von einer Analyse des historischen, kulturellen und vor allem auf Machtverhältnissen beruhenden Zusammenhangs trennt. Im Unterschied dazu geht die neoklassische ökonomische Analyse davon aus, dass sich die zentrale Institution des wirtschaftlichen Handelns aufgrund der Interaktion von Subjekten herausbildet, die zwar als unterschiedliche vorgestellt werden, aber in Bezug auf ihre Intentionen vergleichbar sein müssen und daher von ihren sozialen Kontexten abstrahiert werden. Was zählt, sind abstakte Subjekte, die ihren Nutzen maximieren wollen.

Der ökonomische Wert ist in dieser Hinsicht das Ergebnis von Handlungen, die zum Abgleich von Nutzenerwägungen mit gegebenen Informationen einfach gesetzt werden. Dominique Foray hat gezeigt, dass die Wirtschaftswissenschaften gerade deshalb die Res-

source Wissen verkennen.[70] Die ökonomischen Disziplinen neigen laut Foray dazu, das Spezifische an dieser Ressource in eine allgemeine Informations- bzw.
Entscheidungstheorie zu absorbieren, die durch die
Entwicklungen in der Spieltheorie und in der Informationstechnologie enorm verfeinert werden kann. Da
aber Wissen nicht mit Information gleichzusetzen ist,
übersehen die Wirtschaftswissenschaften nicht selten
die Probleme, die mit seiner Herstellung, Verbreitung
und Anwendung verbunden sind. Foray kritisiert an
diesem Zugang, dass er gleichermaßen zu weit und
zu eng ist. Diese Kritik spiegelt sich in Corsanis Text
wider, wenn die Autorin zeigt, dass Wissen in der Ökonomik zunächst als einer der vielen externen Faktoren
einer genaueren Betrachtung geopfert wird, um dann
in gezähmter Erscheinungsweise über die evolutionäre
Ökonomie wieder einverleibt zu werden. Damit werde
deutlich, dass das wesentliche Element der Innovation
im kognitiven Kapitalismus weder mit dem neoklassischen Begriff der Wertschöpfung, noch mit dessen
kritischer Erweiterung vereinbar sei, so Corsani. Wenn
Wissen die zentrale Ressource geworden ist, dann ist
das Modell der Wertschöpfung als Produktion von
»Waren durch Waren«[71] obsolet.

---

70 Dieser ebenfalls französische Ökonom ist neben Rullani einer
der wenigen ForscherInnen, die bislang einen systematischen wirtschaftswissenschaftlichen Entwurf zur Einordnung des Wissens in
die ökonomische Theorie unternommen haben (vgl. Dominique
Foray: *Knowledge Economics*, Cambridge: MIT Press 2004).
71 Dies ist die Formel von Piero Sraffa (*Warenproduktion mittels Waren*, Frankfurt/M.: Suhrkamp 1976), die auch von Enzo
Rullani zum Ausgangspunkt genommen wird. Rullani verwandelt

Durch Innovation ändert sich nicht nur der *Gehalt* der Herstellung von Produkten und Dienstleistungen, sondern auch deren *Form*. Es sind nicht nur die Technologien, die immer neue Wege der Entwicklung von Dienstleistungen vorzeichnen und damit für potenzielles Wachstum sorgen, es sind – und hier scheint auch die Stärke einer soziologischen Betrachtung der Wissensökonomie zu liegen – durchweg neue *Formen* der Organisation von Wissen, die gesellschaftliche Entwicklung möglich und subjektiv erfahrbar machen. Soziale Netzwerke hat es schon vor der Einführung von Facebook und anderen Internet-Communities gegeben, und sie sind auch schon seit längerem von zentraler Bedeutung für die Wissensökonomie. Wissen, das Innovation ermöglicht, entsteht nicht nur durch Spezialisierung, also die Zuteilung von Inhalten, Rollen und Methoden seitens einer technisch-wissenschaftlichen Struktur, sondern auch und vor allem durch nicht hierarchisch geplante *Kooperation*. Dies bedeutet, dass ein zentraler Aspekt der Schaffung ökonomischen Werts heutzutage dem wirtschaftswissenschaftlichen Ansatz ständig zu entgehen droht, obwohl die Nachhaltigkeit des Wertschöpfungsprozesses davon abhängt, wie intensiv Wissen innerhalb bestimmter Wertketten zirkuliert bzw. inwiefern diese Ketten die Möglichkeit haben, über die Form dieses Zirkulierens zu verfügen.

---

diese Formel auf folgende Weise: Wert = Schaffung von Wissen durch Wissen.

Dies wiederum bedeutet, dass die Subjekte der Wissensproduktion auf ganz andere Weise ins Spiel kommen, als sie dies aus der Sicht der neoklassischen Ökonomie tun. Sie sind nicht Akkumulationspunkte steriler Information, keine isolierten Monaden, die Entscheidungen absondern, sondern Teil eines sozialen und technologischen Netzwerks.

Kooperation baut in diesem Sinne auf einer Reihe von Voraussetzungen auf, die zwar spiel- und entscheidungstheoretisch betrachtet, analysiert und auch immer noch in die klassische Analyse integriert werden können, doch zeigen auch hier alternative Modelle, dass es kaum möglich ist, zum Kern des Problems vorzudringen: Es geht darum, jenen Aufwand, der Wert schaffende Kooperation ermöglicht, als *Kommunikation* und in diesem Sinn als *Arbeit* sichtbar zu machen, ihn somit als ökonomischen Wert und nicht als Kosten zu behandeln.[72] Corsani stellt heraus, wie schwer sich die Wirtschaftswissenschaften mit der Betrachtung dieser Art von Arbeit tun. Es handelt sich nämlich um Arbeit, die nicht nur ihren Gehalt entsprechend der technologischen Entwicklung verändert. Da die Arbeitsteilung innerhalb des postfordistischen Kapitalismus nicht vorgegeben ist, sucht sie über Kommunikation, über

---

72 Diese Aspekte sind eingehend von der Allmendetheorie und der die Kooperation, die Kommunikation und den Wert von Regeln und institutionellen Arrangements in den Mittelpunkt stellenden Spiel- und Institutionentheorie untersucht worden (vgl. Elinor Ostrom: *Die Verfassung der Allmende. Jenseits von Markt und Staat,* Tübingen: Mohr Siebeck 1999; dies.: *Understanding Institutional Diversity,* Princeton: Princeton University Press 2005).

Kooperation immer auch ihre eigene Form, je nach den unvorhersehbaren Problemen und den immer neuen Situationen, mit denen die Wert schaffenden Subjekte zu tun haben. Wissen verbindet sich unter Umständen auf gänzlich andere Weise mit Wissen, als Waren dies mit Waren tun.

WISSEN ALS VOLLKOMMEN UNVOLLKOMMENE RESSOURCE

Wie sieht nun der Prozess der Wertschöpfung aus, wenn man ihn von einer neuen *Ökonomik des Wissens* in den Blick nimmt? Enzo Rullani geht davon aus, dass es zwar sinnvoll ist, daran festzuhalten, dass der Wertschöpfungsprozess ein Transformationsprozess ist, doch darf dieser Prozess nicht mehr von dem erkenntnistheoretischen Paradigma der Umwandlung von Energie her begriffen werden. Auf diesem Paradigma bauen die Grundsätze der neoklassischen Theorie in Bezug auf die Ressourcen des Wirtschaftsprozesses auf. Rullani definiert in Abgrenzung davon Wissen als eine »vollkommen unvollkommene« Ressource, da sie den vier klassischen Bestimmungen einer ökonomischen Ressource nicht entspricht: Wissen ist erstens nicht knapp, es ist zweitens nicht in diskrete Einheiten (Stücke) teilbar, es ist drittens keiner exklusiven Aneignung zugänglich, und es ist viertens kein reines Mittel zum Zweck.[73]

---

73 Rullani, *Ökonomie des Wissens*, a.a.O., S. 340ff.

Die Beschreibung des Transformationsprozesses, die es aufgrund dieser vier Anomalien zu leisten gilt, lenkt die Aufmerksamkeit auf die Tatsache, dass es zwar möglich ist, Wissen *künstlich* zu verknappen, teilbar zu machen, seine Nutzung anderen Subjekten vorzuenthalten und es rein instrumentell zu verwenden, dass sich die Ökonomie aufgrund einer solchen Vorgangsweise jedoch auch um Chancen auf Wachstum und Entwicklung bringen würde. Denn eine positive Interpretation der vier Anomalien führt dazu, dass Wissen Wert schafft, weil es eine *nützliche Differenz* ist, die sich *reflexiv verbreitet.*[74] Der Transformationsprozess betrifft also auf allen drei Ebenen die Kooperation: Erstens: Anstatt Wissen zu verknappen, muss ökonomisches Handeln dazu beitragen, dass dieses *multiplizierbar* wird. Zweitens: Die Nutzung von Wissen muss gemeinsam erfolgen, also von gesellschaftlichen Übereinkünften und Regelungsmechanismen abhängig gemacht werden. Drittens: Nutzen selbst ist das Ergebnis von *Reflexionsprozessen*, sein Verständnis wird also nicht informationstheoretisch grundgelegt, sondern anhand einer Betrachtung der menschlichen Kommunikation.[75] Nutzen stellt somit das Ergebnis von Interaktion dar, also von kollektiven Lernprozessen, und ist nicht die individuelle Voraussetzung von isolierten Markttransaktionen.

Aufgrund dieser Neuorientierung besteht für Rullani der zentrale Prozess der Wissensökonomie in der *Verbreitung.* Diese Betrachtung hat den Vorteil, dass

---

74 Ebd., S. 415f.
75 Ebd., S. 398.

der Anteil der Kooperation am Wertschöpfungsprozess sichtbar gemacht wird. Von Innovation kann demnach nur noch in Begriffen des kommunikativen Handelns gesprochen werden, jede Einengung des Blicks auf den technologischen Aspekt wäre verfehlt. Man kann den Aufstieg und Fall der New Economy auch unter diesem Aspekt lesen: einer vollkommenen Unfähigkeit seitens der Institutionen, das emanzipatorische Potenzial einer Generation neuer, selbstständig Arbeitender, an einer anderen Welt interessierter ProduzentInnen zu begreifen. Der Blick hatte sich auf den technologischen Wandel eingeengt, also auf die Frage, wie die neuen Entwicklungen möglichst schnell in warenförmige Produkte und Leistungen verwandelt werden könnten. Dass die *Verbreitung* der neuen Formen des Wirtschaftens aber nur aufgrund eines gesellschaftlichen Aufbruchs und des Experimentierens mit der gemeinsamen Nutzung von Ressourcen möglich gewesen war, konnte aufgrund der Fixierung des Blicks auf die Produktion nur ungenügend zum Vorschein kommen.

Aus dem Italienischen von Klaus Neundlinger

LITERATUR

Arrow, Kenneth: »Economic Welfare and the Allocation of Ressources for Invention«, in: National Bureau of Economic Research (Hg.): *The Rate and Direction of Inventive Activity. Economic and Social Factors*, Princeton: Princeton University Press 1962, S. 609-625.

Atzert, Thomas, Müller, Jost (Hg.): *Immaterielle Arbeit und imperiale Souveränität. Analysen und Diskussionen zu Empire*, Münster: Westfälisches Dampfboot 2004.

Azaïs, Christian, Corsani, Antonella, Dieuaide, Patrick (Hg.): *Vers un capitalisme cognitif. Entre mutations du travail et territoires*, Paris: L'Harmattan 2001.

Boltanski, Luc, Chiapello, Ève: *Der neue Geist des Kapitalismus*, Konstanz: UvK 2003.

Bröckling, Ulrich: *Das unternehmerische Selbst*, Frankfurt/M.: Suhrkamp 2007.

Caffentzis, George: »A Critique of ›Cognitive Capitalism‹«, in: Peters/Bulut, *Cognitive Capitalism*, S. 23-57.

Cillario, Lorenzo: »Per una teoria economica del senso«, in: Lorenzo Cillario, Roberto Finelli (Hg.): *Capitalismo e conoscenza. L'astrazione del lavoro nell'era telematica*, Roma: Manifestolibri 1998, S. 41-86.

Collettivo edu-factory (Hg.): *Università globale. Il nuovo mercato del sapere*, Roma: Manifestolibri 2008.

Corsani, Antonella: »Wissen und Arbeit im kognitiven Kapitalismus. Die Sackgasse der politischen Ökonomie«, in: Atzert/Müller, *Immaterielle Arbeit*, S. 156-174.

– »Wissensproduktion und neue politische Aktionsformen. Die Erfahrungen der Intermittents in Frankreich«, übers. von Stefan Nowotny, in: *transversal:* »*Militante Untersuchung*«, April 2006, http://eipcp.net/transversal/0406/corsani/de.

– »›Was wir verteidigen, verteidigen wir für alle‹. Spuren einer Geschichte in Bewegung«, übers. von Karoline Feyertag, in: *transversal:* »*On Universalism*«, Juni 2007, http://eipcp.net/transversal/0607/corsani/de.

– /Lazzarato, Maurizio: *Intermittents et précaires*, Paris: Amsterdam 2008.

Demirović, Alex: »Gouvernementalität und kognitiver Kapitalismus. Gesellschaftstheoretische Anmerkungen zur Immanenz des Wissens«, in: Thomas Ernst, Bettina Bock von Wülfingen, Stefan Borrmann, Christian P. Gudehus (Hg.): *Wissenschaft und Macht*, Münster: Westfälisches Dampfboot 2004, S. 250-263.

The Edu-factory Collective (Hg.): *Towards a Global Autonomous University. Cognitive Labor, the Production of Knowledge, and Exodus from the Education Factory*, New York: Autonomedia 2009.

- »Introduction. All Power to Self-Education!«, in: dass. (Hg.): *Towards a Global Autonomous University. Cognitive Labor, the Production of Knowledge, and Exodus from the Education Factory*, New York: Autonomedia 2009, S. 0-17.
- »The Edufactory Manifesto«, http://www.edu-factory.org/wp/about/

Federici, Silvia: *Caliban and the Witch. Women, the Body and primitive Accumulation*, New York: Autonomedia 2004.
- »On Affective Labor«, in: Peters/Bulut, *Cognitive Capitalism*, S. 57-74.

Foray, Dominique: *Knowledge Economics*, Cambridge: MIT Press 2004.

Franck, Georg: *Ökonomie der Aufmerksamkeit*, München, Wien: Hanser 1998.

Fumagalli, Andrea: *Bioeconomia e capitalismo cognitivo*, Rom: Carocci 2007.

GlobalProject/Coordination des Intermittents et Précaires d'Ile de France: »Spektakel diesseits und jenseits des Staates. Soziale Rechte und Aneignung öffentlicher Räume: die Kämpfe der französischen Intermittents«, übers. von Michael Sander, in: *transversal: »Precariat«*, Juli 2004, http://eipcp.net/transversal/0704/intermittents/de.

Goux, Jean-Joseph: *Frivolité de la valeur. Essais sur l'immaginaire du capitalisme*, Paris: Blusson 2000.

Guattari, Félix: »Maschine und Struktur«, in: ders.: *Psychotherapie, Politik und die Aufgaben der institutionellen Analyse*, übers. von Grete Osterwald, Frankfurt/M.: Suhrkamp 1976, S. 127-138.

Hardt, Michael: »Affektive Arbeit«, in: Atzert/Müller, *Immaterielle Arbeit*, S. 175-188.
- /Negri, Antonio: *Empire. Die neue Weltordnung*, übers. von Thomas Atzert und Andreas Wirthensohn, Frankfurt/M., New York: Campus 2002.

Hausen, Karin, Reinhard Rürup (Hg.): *Moderne Technikgeschichte*, Köln, Berlin: Kiepenheuer und Witsch 1975.

Hausen, Karin: »Wirtschaftsgeschichte als Geschlechtergeschichte«, in: Franziska Jenny, Gudrun Piller, Barbara Rettenmund

(Hg.): *Orte der Geschlechtergeschichte. Beiträge zur 7. Historikerinnentagung*, Zürich: Chronos 1994, S. 271-288.

Lazzarato, Maurizio: »Immaterielle Arbeit. Gesellschaftliche Tätigkeiten unter den Bedingungen des Postfordismus«, in: Negri u.a., *Umherschweifende Produzenten*, S. 39-52.

Lorey, Isabell: »Gemeinsam Werden. Prekarisierung als politische Konstituierung«, in: *Grundrisse*, Nr. 35, 2010, http://www. grundrisse.net/grundrisse35/Gemeinsam_Werden.htm.

– *Die Regierung der Prekären*, mit einem Vorwort von Judith Butler, Bd. 14 der Reihe »es kommt darauf an«, Wien: Turia + Kant 2012.

Marazzi, Christian: *Der Stammplatz der Socken. Die linguistische Wende in der Ökonomie und ihre Auswirkungen in der Politik*, Zürich: Seismo 1996.

– »Capitalismo digitale e modello antropogenico del lavoro. L'ammortamento del corpo macchina«, in: Jean-Louis Laville, Christian Marazzi, Michele La Rosa, Federico Chicchi (Hg.): *Reinventare il lavoro*, Rom: Sapere 2005, S. 107-126.

– *Capital and Language. From the New Economy to the War Economy*, Los Angeles: Semiotext(e) 2008.

– *Capital and Affects. The Politics of the Language Economy*, Los Angeles: Semiotext(e) 2011.

– *Verbranntes Geld*, übers. von Thomas Atzert, Zürich: Diaphanes 2011.

Marx, Karl: *Grundrisse der Kritik der politischen Ökonomie, MEW*, Bd. 42, Berlin: Dietz 1983.

Moldaschl, Manfred (Hg.): *Verwertung immaterielle Ressourcen. Nachhaltigkeit von Unternehmensführung und Arbeit III*, München, Mering: Hampp 2007.

– /Nico Stehr (Hg.): *Wissensökonomie und Innovation. Beiträge zur Ökonomie der Wissensgesellschaft*, Marburg: Metropolis 2010.

Moulier Boutang, Yann (Hg.): *L'età del capitalismo cognitivo. Innovazione, proprietà e cooperazione delle moltitudini*, Verona: Ombre Corte 2002.

– *Le capitalisme cognitif. La nouvelle grande transformation*, Paris: Amsterdam 2007.

Multitudes. Revue politique, artistique, philosophique, Nr. 2, 2000, http://multitudes.samizdat.net/-Majeure-BIOECONO-MIA-BIOPOLITIQUE-

Negri, Toni, Lazzarato, Maurizio, Virno, Paolo: *Umherschweifende Produzenten. Immaterielle Arbeit und Subversion*, mit einem Vorwort von Yann Moulier Boutang, hrsg. von Thomas Atzert, Berlin: ID-Verlag 1998.

Neundlinger, Klaus: *Die Performance der Wissensarbeit. Immaterielle Wertschöpfung und Neue Selbständigkeit*, Graz, Wien: Nausner&Nausner 2010.

–   »Was ist immaterielle Arbeit?«, 2009, http://www.igbildendekunst.at/bildpunkt/2009/immateriellearbeit/neundlinger.htm.

Ostrom, Elinor: *Die Verfassung der Allmende. Jenseits von Markt und Staat*, Tübingen: Mohr Siebeck 1999.

–   *Understanding Institutional Diversity*, Princeton: Princeton University Press 2005.

Pahl, Hanno, Meyer, Lars (Hg.): *Kognitiver Kapitalismus. Soziologische Beiträge zur Theorie der Wissensökonomie*, Marburg: Metropolis 2007.

Peters, Michael A., Bulut, Ergin (Hg.): *Cognitive Capitalism, Education and Digital Labor*, New York u.a.: Peter Lang 2011.

Pieper, Marianne, Atzert, Thomas, Karakayalı, Serhat, Tsianos, Vassilis (Hg.): *Empire und die biopolitische Wende. Die internationale Diskussion im Anschluss an Hardt und Negri*, Frankfurt/M., New York: Campus 2007.

Precarias a la deriva: *»Was ist dein Streik?«* – *Militante Streifzüge durch die Kreisläufe der Prekarität*, übers. von Birgit Mennel, eingel. von Birgit Mennel und Stefan Nowotny, Bd. 11 der Reihe »es kommt darauf an«, Wien: Turia + Kant 2011.

Raunig, Gerald: *Tausend Maschinen. Eine kleine Philosophie der Maschine als sozialer Bewegung*, Bd. 7 der Reihe »es kommt darauf an«, Wien: Turia + Kant 2008.

–   *Fabriken des Wissens. Streifen und Glätten 1*, Zürich: Diaphanes 2012.

Roggero, Giggi: »Die Autonomie des lebendigen Wissens in der metropolitanen Universität«, übers. von Birgit Mennel und

Martin Birkner, in: *transversal: »Instituierende Praxen«*, Juli 2007, http://eipcp.net/transversal/0707/roggero/de

– *La produzione del sapere vivo. Crisi dell'università e trasformazione del lavoro tra le due sponde dell'Atlantico*, Verona: Ombre Corte 2009.

Rullani, Enzo: *Ökonomie des Wissens. Kreativität und Wertbildung im Netzwerkkapitalismus*, übers. von Klaus Neundlinger, Wien, Berlin: Turia + Kant 2011.

Scheler, Max: *Die Wissensformen und die Gesellschaft*, Bern: Francke 1960.

Schultz, Susanne: »Biopolitik und affektive Arbeit bei Hardt/ Negri«, in: *Das Argument*, Nr. 248, 2002, S. 696-708.

Simmel, Georg: *Die Philosophie des Geldes, Gesammelte Werke*, Bd. 1, 6. Aufl., Berlin: Duncker & Humblot 1958.

Sraffa, Piero: *Warenproduktion mittels Waren*, Frankfurt/M.: Suhrkamp 1976

Stehr, Nico: *Wissen und Wirtschaften. Die gesellschaftlichen Grundlagen der modernen Ökonomie*, Frankfurt/M.: Suhrkamp 2001.

– *Wissenspolitik. Die Überwachung des Wissens*, Frankfurt/M.: Suhrkamp 2003.

transversal: »Maschinen und Subjektivierung«, November 2006, http://eipcp.net/transversal/1106

transversal: »Knowledge Production and its Discontents«, August 2009, http://eipcp.net/transversal/0809

Vercellone, Carlo (Hg.): *Capitalismo cognitivo. Conoscenza e finanza nell'epoca postfordista*, Rom: Manifestolibri 2006.

Virno, Paolo: »Wenn die Nacht am tiefsten ... Anmerkungen zum General Intellect«, in: Atzert/Müller, *Immaterielle Arbeit*, S. 148-155.

– *Grammatik der Multitude, mit einem Anhang: Die Engel und der General Intellect*, übers. von Klaus Neundlinger, eingel. von Klaus Neundlinger und Gerald Raunig, Bd. 4 der Reihe »es kommt darauf an«, Wien: Turia + Kant 2005.

– *Exodus*, hrsg, übers. und eingel. von Klaus Neundlinger und Gerald Raunig, Bd. 9 der Reihe »es kommt darauf an«, Wien: Turia + Kant 2010.

Weber, Max: *Protestantische Ethik und der Geist des Kapitalismus*, hrsg. und eingel. von Dirk Kaesler, München: Beck 2010.

World Bank: *Higher Education: The Lessons in Experience. Development in Practice Series*, Washington, D.C.: Word Bank 1994.

– *Constructing Knowledge Societies: New Challenges for Tertiary Education*, Washington, D.C.: Word Bank 2002.

Zarifian, Philippe: *À quoi sert le travail?*, Paris: Dispute 2003.

[Alle Internetquellen wurden zuletzt Ende Februar 2012 abgerufen.]

Was das lebendige Wissen vermag

Krise der globalen Universität,
Klassenzusammensetzung und
Institutionen des Gemeinsamen

Gigi Roggero

Wenn KundInnen des Mobilfunkbetreibers 3 die Homepage ihres Anbieters aufsuchen, um Online-Hilfeleis-
tungen in Anspruch zu nehmen, hält dieser eine auf
den ersten Blick kurios anmutende Überraschung für
sie bereit. Nicht vom Unternehmen bezahltes techni-
sches Personal antwortet nämlich auf die Anfragen,
sondern – über ein frei zugängliches Forum – andere
KundInnen. 3 vergibt für die besten Antworten kleine
Preise und Aufmerksamkeiten: Handys werden gratis
mit Guthaben versorgt bzw. verschenkt die Firma Mo-
biltelefone, die man ohnehin über eines der zahlrei-
chen Tarifangebote gratis bekommen kann. Vor allem
erstellt das Unternehmen monatliche Ranglisten, über
die der Wert und die Leistungen der am Forum Mitar-
beitenden anerkannt und öffentlich gemacht werden.
Schickt man hingegen eine Nachricht, in der man zunächst das eigene Problem darstellt und den NutzerInnen für ihren Einsatz und ihre Kenntnisse dankt,
dann aber vorsichtig darauf hinweist, dass 3 hier nicht
bezahlte Arbeit für seine Zwecke nutzt, wird diese Botschaft nach wenigen Minuten aus dem frei zugängli-
chen Forum entfernt.

Diese Anekdote steht stellvertretend für ein unternehmerisches Modell, das nicht nur im Bereich der Telekommunikation zum tendenziell hegemonialen geworden ist. An ihm lassen sich die zentralen Elemente für eine Analyse des zeitgenössischen Kapitalismus aufzeigen. Zunächst tritt die ideologische Natur der Figur des *Prosumers*, wie sie in den postmodernen Erzählungen über die Wissensgesellschaft verbreitet wurde, deutlich hervor. Nicht der Arbeiter und die Arbeiterin sind es, die zu KonsumentInnen werden. Im Gegenteil, es ist der Konsum selbst, der zur Arbeit wird. Gerade durch die unbezahlte Arbeit der Subjekte der sozialen Kooperation wird die Senkung der Arbeitskosten ermöglicht, insofern innerhalb dieser Zusammenarbeit beständig Linien eines individualistischen Konkurrenzkampfs reproduziert werden. Darin liegt der Sinn der monatlichen Rankings auf der Homepage von 3. Die Subjekte werden also kontinuierlich an der gemeinsamen Aneignung dessen gehindert, was sie gemeinsam produzieren. Übrigens behaupten die umsichtigeren unter den neoliberalen TheoretikerInnen des Netzes seit Jahren, das geistige Eigentum laufe Gefahr, Innovationsprozesse und die Wissensproduktion, d.h. die zentralen Ressourcen des zeitgenössischen Kapitalismus, zu blockieren. Wenn dieser überleben wolle, müsse er eine »horizontale Produktion, die auf den Allgemeingütern aufbaut«[1], ins Werk setzen. Dadurch erlangen die von den Be-

---

1 Yochai Benkler: *The Wealth of Networks. How Social Production Transforms Markets and Freedom*, New Haven: Yale University Press 2007.

wegungen der MedienaktivistInnen hochgehaltenen Besonderheiten ihren vollen Wert: gemeinschaftliche Nutzung, Zentralität der Strategien jenseits der privaten Aneignung, Vorrang der Kooperation gegenüber dem Wettbewerb auf dem freien Markt. Die politische Ökonomie des Wissens kann in dieser Sichtweise nur in einem »Kapitalismus ohne Eigentum« überleben, wie er sich auf exemplarische Weise im Web 2.0 und in der Auseinandersetzung zwischen den Modellen von Google und Microsoft zu erkennen gibt: über die Vereinnahmung dessen, was gemeinschaftlich produziert wird. Das Problem besteht demnach nicht in der Reinheit des Willens, im kritischen Bewusstsein oder in der Moralität des je eigenen Handelns, also den Themen der Auseinandersetzungen unter den AktivistInnen der *Open-Source-* und der *Free-Software*-Bewegungen. Das eigentliche Problem ist die Ausbeutung. Über diesen Unterschied in der Herangehensweise zeichnet sich ein Marxscher Zug in den sozialen Bewegungen ab: im Übergang von der moralischen Kritik zur Kritik des kapitalistischen Gesellschaftsverhältnisses.

Der Ausgang der Anekdote führt uns anschaulich die letzte Wahrheit des Kapitals vor Augen, das vielleicht ohne Eigentum auskommen kann, aber sicher nicht ohne Befehlsgewalt. Die einzigen Figuren, die von den Unternehmen (in diesem Fall von 3) noch bezahlt werden, sind die neuen Wächter und Spione in der »Fabrik des Wissens«. Es handelt sich um parasitäre Figuren, die nur die Funktion haben, die kontinuierliche Trennung der ArbeiterInnen von der kollektiven Befehlsgewalt über ihre Erzeugnisse zu kontrollieren und über die Ausbeutung bzw. die Dispositive der

Segmentation innerhalb der sozialen Kooperation zu wachen.

DIE NEUEN ZEITLICH-RÄUMLICHEN KOORDINATEN DES KOGNITIVEN KAPITALISMUS

Nachdem im Juli 2007 KundInnen in vielen amerikanischen Städten tagelang Schlange gestanden hatten, um das eben auf den Markt gebrachte iPhone zu kaufen, erschien in der *New York Times* ein Artikel, der bezeichnenderweise den Titel »Silent Hands behind the iPhone« trug. Dort wird aufgezeigt, dass die Produktion nicht mehr auf das klassische Schema reduzierbar ist, das die Softwareentwicklung in der »ersten« Welt und die materielle Fertigung der Einzelteile in der »dritten« Welt ansiedelt. Die Unternehmen in Taiwan spielen eine fundamentale Rolle bei der technologischen Innovation, sie sind die stillen Hände (und Hirne), die hinter der Entwicklung des neuen »Schmuckstücks« aus dem Hause Apple stehen. Darüber hinaus geht die auf amerikanischem Boden entstandene Planungsarbeit an dem Gerät zu einem Gutteil auf das Konto eingewanderter indischer IT-SpezialistInnen. Ein Beispiel dafür – und alles andere als ein Einzelfall – ist Sajit,[2] ein indischer Techniker, der über einen *Body Shop* in die USA gekommen ist. Dabei handelt es sich um

2   Ahiwa Wong: *Neoliberalism as Exception: Mutations in Citizenship and Sovereignty*, Durham/NC, London: Duke University Press 2006.

ein System der Vermittlung von billigen Arbeitskräften auf dem globalisierten High-Tech-Markt.[3] Sajit gelangte nach Kalifornien und arbeitete zunächst bei einer Softwarefirma in Houston, bevor er dann – wie viele seiner Landsleute – als Taxifahrer beschäftigt war, einer Zwischenstation auf dem Weg zur erhofften Verwirklichung des eigenen »amerikanischen Traums«. Dies scheint jedoch nicht nur für Sajit, sondern auch für seine weißen KollegInnen im Silicon Valley immer schwieriger zu werden, die durch die Entscheidung ihrer Unternehmen, die Entwicklung ins indische Bangalore auszulagern, eine regelrechte Deklassierung erfahren mussten.

Diese kurzen Streiflichter mögen genügen, um das traditionelle Bild von der internationalen Arbeitsteilung in Frage zu stellen. Das Bild hat seine Wurzeln in den von Ricardo ausgearbeiteten Grundsätzen der politischen Ökonomie und in der Smithschen Analyse des Reichtums der Nationen und wurde später über die politisch-geographische Einteilung in »entwickelte« und »rückständige« Zonen verfestigt. Es ist geprägt von der Gewalt des Staates und des Kolonialismus und ging durch die Praktiken der Freiheit und der Bewegungen der lebendigen Arbeit in die Brüche. Es waren in der Tat die Kämpfe, die das Kapital dazu gezwungen haben, sich zu globalisieren, indem sie Grenzen überwunden und dessen räumlich-zeitliche Koordinaten einer Belastungsprobe ausgesetzt haben. Es ist mehr

---

3 Vgl. Xiang Biao: *Global »Body Shopping«: An Indian Labor System in the Information Technology Industry*, Princeton: Princeton University Press 2007.

als zweifelhaft, ob man angesichts der Wandlung dieser Koordinaten weiterhin von einem »Postfordismus« im Zentrum und einem »Fordismus« an der Peripherie sprechen kann.[4] Einerseits hindert uns das beständige Wuchern von *Sweatshops*, d.h. von informellen Produktionssektoren oder ausbeuterischen Arbeitsbedingungen – nicht an der Peripherie des Planeten, sondern – in New York oder Los Angeles daran, solche Modelle der Frühgeschichte des Kapitalismus zuzuschreiben oder sie in entfernte Weltgegenden zu verbannen. Diese Frühgeschichte taucht nicht nur ständig in seinen ausgereiften Entwicklungsstadien wieder auf, sondern bildet auch seine Möglichkeitsbedingung in den angeblichen »Zentren«. Der Rückgang der Arbeitsplätze im Fertigungssektor im Westen ist darüber hinaus nicht mit der massenhaften Abwanderung der Fertigungsstätten in Länder wie China zu erklären. Der Grund dafür liegt vielmehr in einer »Steigerung der Produktivität der Industriearbeit. In China ist die Zahl der Arbeitskräfte in der Fertigung sechsmal höher als in Amerika, doch erzeugen diese in Geldwert ausgedrückt nur halb so viele Industriegüter wie die Vereinigten Staaten. Darüber hinaus geht auch in China, in Singapur, in Südkorea oder Taiwan seit Beginn der 1990er Jahre die Zahl der Industriearbeitskräfte zurück.«[5]

---

4   David Harvey: *The Conditions of Postmodernity. An Inquiry into the Origins of Cultural Change*, Cambridge: Blackwell 1990.
5   Christian Marazzi: »Capitalismo digitale e modello antropogenetico di produzione«, in: Federico Chicchi, Jean-Louis Laville, Michele La Rosa, Christian Marazzi (Hg.): *Reinventare il lavoro*, Roma: Sapere 2005, S. 107-126, hier S. 110.

Die räumlichen und zeitlichen Grenzen werden demnach auseinander genommen und auf gänzlich neuen Koordinaten wieder zusammengesetzt. Sie lösen sich zwar auf, aber sie vervielfältigen sich auch.[6] Während es kein geographisches Außen mehr gibt, erscheinen auf dem globalen Arbeitsmarkt unmittelbar Grenzen hinsichtlich des Lohns und andere Dispositive zu dessen Segmentierung. Die Dialektik zwischen Zentrum und Peripherie ist abhanden gekommen. Von Shanghai bis Venedig, von Hyderabad bis Silicon Valley, von Sao Paolo bis Johannesburg kann man – mit extremen Abstufungen natürlich – das gesamte Spektrum der zeitgenössischen Produktions- und Arbeitsformen antreffen. Dennoch gilt es, diese Feststellung zu präzisieren. Dass es vor allem aufgrund der Mobilität der lebendigen Arbeit keine Dialektik zwischen Zentrum und Peripherie mehr gibt, bedeutet nicht, dass diese durch eine Ebene der Ununterschiedenheit abgelöst wurde. Vielmehr beschreibt dieser Prozess das Nebeneinander dessen, was einmal »erste« und »dritte« Welt genannt wurde, innerhalb der zeitlich-räumlichen Koordinaten der Metropole. »Erste« und »dritte« Welt wandeln sich insofern von geographisch bestimmten zu unmittelbar globalen Orten. An diesen Orten leben Zentrum und Peripherie zusammen und bestimmen sich ständig neu. Man trifft auf »entwickelte« und »rückständige« Produktionsformen, verschiedene Weisen der Entnahme

---

6 Vgl. Sandro Mezzadra, Brett Neilson: »Die Grenze als Methode, oder die Vervielfältigung der Arbeit«, in: *transversal*: »Borders, Nations, Translations«, Juni 2008, http://eipcp.net/*transversal*/0608/mezzadraneilson/de.

des relativen und des absoluten Mehrwerts, Prozesse der reellen und der formellen Subsumtion, die – um es mit dem Marx der *Grundrisse* zu sagen – von einem neuen Paradigma der Akkumulation »erleuchtet« werden. Man hat den zeitgenössischen Kapitalismus mit dem Adjektiv *kognitiv* versehen, um dieses neue Paradigma zusammenzufassen.[7]

KREATIVE KLASSE UND PREKARITÄT: ZUR KRITIK DER POLITIK DER ANERKENNUNG

Wenn wir von kognitiver Arbeit sprechen, müssen wir eine weitere Präzisierung einführen. Ich möchte hier zwei Begriffe in ein Verhältnis der Spannung zueinander setzen, die sich teilweise überlagern, teilweise aber auch unterscheiden: einerseits die »Kognitivisierung« verstanden als umfassender Transformationsprozess, als Feinstruktur und erhellendes Moment, über das die gesamte Zusammensetzung der Arbeit und die neuen Prozesse der Hierarchisierung verständlich werden; andererseits die kognitive Arbeit als Begriff für spezifische Figuren der Arbeitswelt. Es bedeutet keineswegs dasselbe, ob man in einer Fabrik oder an einem universitären Forschungsinstitut arbeitet. Dennoch weisen diese beiden Tätigkeiten einen gemeinsamen Zug auf, um den herum die kognitive Arbeitsteilung organisiert ist: den Zweck und das Ziel, Wissen zu produzieren,

---

7   Carlo Vercellone (Hg.): *Capitalismo cognitivo. Conoscenza e finanza nell'epoca postfordista*, Roma: Manifestolibri 2006.

permanente Innovation hervorzubringen und den technologischen Fortschritt in ökonomischen Wert umzusetzen. Innerhalb dieser Transformation neigt selbst die Definition der »skill«, der Fertigkeit dazu, ihren deskriptiven Wert abzustreifen, um eine ausschließlich der Teilung, d.h. der Kontrolle dienende Funktion zu übernehmen. Man denke in diesem Zusammenhang – um noch einmal auf den globalen Kreislauf der High-Tech-Produktion zurückzukommen – an den bereits erwähnten Fall der eingewanderten indischen IT-SpezialistInnen wie etwa Sajit. Seine Einordnung als *high skilled* oder *low skilled worker* hat weniger mit der von ihm ausgeübten Tätigkeit oder mit seinen Fähigkeiten zu tun, sondern zunächst mit dem Interesse der Unternehmen, die migrantischen ArbeiterInnen über die Visa-Politik in einem Zustand der Erpressbarkeit zu halten. Auch die *skills* haben also die Funktion, die Grenzen hinsichtlich des Lohns zu vervielfältigen und die Segmentation der globalen Arbeitskraft voranzutreiben.

Angesichts dieser Situation ist der Erfolg, den Kategorien wie die der »kreativen Klasse« in bestimmten Bereichen der Bewegung hatten, keineswegs nachvollziehbar. Begriffe dieser Art wurden offensichtlich von BeraterInnen des kapitalistischen Vereinnahmungsapparates mit der expliziten Absicht geschaffen, Hierarchien und künstliche Grenzen innerhalb der Metropole zu errichten.[8] Auch wenn man Begriffe wie Kognita-

8   Alberto De Nicola, Gigi Roggero, Benedetto Vecchi: »Contro la creative class«, in: *Posse*, Oktober 2007, S. 84-94; online in:

riat, Hacker-class oder den historisch aufwendigeren Terminus der Mittelschicht bemüht, ändert das nichts an der Sache. Problematisch daran ist, dass man davon ausgeht, die Definition der Subjektivitäten sei einfach aus der Struktur des Arbeitsmarktes abzuleiten. Da es sich um Analysen handelt, die sich mit dem Entstehen der Dynamiken der »Intellektualisierung« der Produktion auseinandersetzen, glauben manche auch, die Definition der Subjektivitäten aus den Schichtungen herleiten zu können, die sich durch die Verteilung des gesellschaftlichen Wissens, das in die Lohnarbeit eingegangen ist, herausgebildet haben. Obwohl diese Formulierungen untereinander große Unterschiede aufweisen, handelt es sich dennoch bei allen um den Versuch, das Subjekt der sozialen Transformation ausgehend von einer Analyse der kapitalistischen Segmentationen der sozialen Zusammensetzung zu erfassen. Dieses Subjekt, legen die Analysen nahe, sei nichts anderes als die soziologische Gussform der kapitalistischen Segmentation. Es bliebe also nur das Problem bestehen, sich dieses Umstands bewusst zu werden, wie etwa in der bereits erwähnten Debatte zwischen *open-source-* und *free-software-*VerfechterInnen. Dabei wird ausschließlich auf die ArbeiterInnen Bezug genommen, die in den Sektoren tätig sind, in denen Wissen besonders intensiv zum Einsatz kommt, von der Kunst zur Forschung, von der Bildung zur Finanz. Sowohl Richard Florida, der wahre globale Berater des kapitalistischen Vereinnahmungsapparates, als auch viele

---

transversal: »Creativity Hypes«, Februar 2007, http://eipcp.net/ *transversal*/0207/denicolaetal/it.

AktivistInnen versuchen diesen Figuren das Bewusstsein einzuimpfen, sie seien die TrägerInnen einer neuen Konzeption von Arbeit und daher BesitzerInnen eines »Humankapitals«, das imstande sei, zur Entwicklung und Dynamik der postfordistischen Ökonomie entscheidend beizutragen. Diese AutorInnen begnügen sich damit – mittels der Milliarden der multinationalen Konzerne oder der politischen Techniken des kommunikativen Imaginären –, das zu enthüllen, was soziologisch bereits gegeben ist und durch die kapitalistischen Hierarchien technisch hergestellt wurde. Also all das, was nur noch expliziter Anerkennung bedarf. Die Forderung nach Anerkennung impliziert jedoch, wie man weiß, immer die Anerkennung des Subjekts, an das sie sich richtet. Folglich wohnen wir einerseits der Naturalisierung der Schichtungen innerhalb des Arbeitsmarktes bei; auf der anderen Seite werden wir Zeugen der Herausbildung der Identität der einzelnen Segmente, und zwar auf der Basis der Stellung, die sie innerhalb der kapitalistischen Hierarchien einnehmen. Der Begriff der Klasse wird auf diese Weise vom Widerstand und von den Kämpfen getrennt, die ihn doch bestimmen sollten. Die Konflikte verschwinden nicht, sondern werden einfach zum Ergebnis einer nicht näher spezifizierten Bewusstseinsbildung, die eine Verminderung des Abstands zwischen beruflicher Identität und sozialem Status bewirken soll.

Vor diesem Hintergrund erkennen wir den beunruhigenden Schatten eines fanatischen Strebens nach Gerechtigkeit, der sich über die Zusammensetzung der prekären Arbeit legt und auch ihre politischen Bewegungen verdunkelt. In Krisenzeiten ist dies keineswegs eine Neuheit: Immer schon war es eine erfolgreiche Strategie, das Schafott für die Korrupten zu fordern, um ein System zu retten, das selbst korrumpiert. Auf diese Weise schuf man stets ein Ventil für diejenigen, die ihre eigenen Fähigkeiten und Bedürfnisse nicht entsprechend gewürdigt sahen. Dieser Schatten drückt sich heute im Bereich der »Kreativen« über die Sprache der »Meritokratie« aus, also über die Frustration, die dadurch entsteht, dass dem »Humankapital« die Anerkennung des Werts seiner Titel und Ausbildungszertifikate verweigert wird. Hierbei handelt es sich jedoch nicht um irgendein »falsches Bewusstsein« oder eine einfache Ideologie, wenn man darunter nicht ein Dispositiv der Organisation des Realen versteht. Der reale Kern dieses subjektiven Ausdrucks von Frustration ist in der Tat ein Prozess der *Deklassierung*. Dahinter steht die Frage – ein weiteres Thema, das einer Untersuchung bedürfte –, wie der Wert der kognitiven Arbeit produziert und vereinnahmt wird und wer über die Umstände und Art ihres Einsatzes verfügt. Die »Meritokratie« ist demnach nichts anderes als das System der praktischen rhetorischen Rechtfertigung der Künstlichkeit und Willkürlichkeit des Wertmaßes. Die Forderung nach Anerkennung des eigenen »Wertes« als Individuum oder Klassensegment läuft Gefahr, in die Legitimierung und die Stärkung der hierarchischen Strukturen umzuschlagen, die sich durch dieses künstliche Wertmaß gebildet haben. Anders ausgedrückt: Das Problem besteht nicht in der verweigerten Anerkennung der Leistungen, sondern in der Durchsetzung des Wertgesetzes und der Lohnarbeit, die heute die Form der Prekarität annimmt.

Nachdem wir die Sprache des fanatischen Strebens nach Gerechtigkeit und der »Meritokratie« einer Kritik unterzogen haben, um ihren realen Kern zu erfassen, ist es notwendig, sich die Frage zu stellen, warum auch die Diskurse über die Prekarität nicht über einen bestimmten Punkt hinausgelangen. Oft wurden wir zu Zeugen, wie diese Diskurse gefährlich in die Sprache eines einzelnen Segments der Lohnarbeit abgeglitten sind, der »kreativen Klasse« etwa oder der deklassierten Mittelschicht, die ausschließlich damit beschäftigt ist, sich gegen die Prozesse der Proletarisierung zu wehren. Dies ist aber nichts anderes als die Rhetorik eines »beherrschten Teils der herrschenden Klasse«, wie Andrew Ross Bourdieu paraphrasierend meint.[9] Nachdem wir nun verknöcherte Kategorien aus der Grammatik der Linken und der marxistischen Orthodoxie produktiv in Zweifel gezogen haben, geht es darum, sie in einem definitiv gewandelten Rahmen von der Wurzel her neu zu denken. »Klasse« und »Arbeit« müssen nun als Begriffe innerhalb des kognitiven Kapitalismus und seiner Krise befragt werden. Ansonsten läuft man Gefahr, dass die Prekarität zur beschönigenden Vokabel verkommt und den Blick auf die harte Realität der Ausbeutungsverhältnisse eintrübt, so wie der Neoliberalismus von den Bewegungen oft dazu verwendet worden ist, den realen Feind nicht beim Namen nennen zu müssen: das Kapital.

---

9 Andrew Ross: *Nice Work If You Can Get It: Life and Labour in Precarious Times,* New York, London: New York University Press 2009.

DIE PRODUKTION DES LEBENDIGEN WISSENS
IN DER EDU-FACTORY

Nachdem wir die neuen zeitlich-räumlichen Koordinaten des Kapitals und den Wandel seiner Paradigmen skizziert haben, müssen wir nun noch einmal Marx »in die verborgne Stätte der Produktion« folgen. Dort wird nämlich »[da]s Geheimnis der Plusmacherei« enthüllt, und es »wird sich zeigen, nicht nur wie das Kapital produziert, sondern auch wie man es selbst produziert, das Kapital.«[10] Innerhalb der Prozesse der Kognitivisierung bedeutet dies, der Produktion des *lebendigen Wissens* nachzugehen.[11] Diese Kategorie verweist direkt auf den Marxschen Begriff der lebendigen Arbeit, der sich über deren Verhältnis zur toten Arbeit definiert, also der im System der Maschinen vergegenständlichten Tätigkeit. Die Kategorie des lebendigen Wissens hat den Zweck, die neue Qualität der kognitiven Arbeitskraft und, wenn man so will, die Möglichkeiten der Neubestimmung des traditionellen Widerspruchs zwischen Produktivkräften und Produktionsverhältnissen aufzuzeigen.

Es ist offensichtlich, dass auch für Marx das Wissen hinsichtlich des Verhältnisses von lebendiger und toter Arbeit eine zentrale Rolle spielt. Dennoch erfährt es aus seiner Sicht über die Vergegenständlichung im

---

10 Karl Marx: *Das Kapital. Erster Band, MEW*, Bd. 23, Berlin: Dietz 1975, S. 189.

11 Gigi Roggero: *La produzione del sapere vivo. Crisi dell'università e trasformazione del lavoro tra le due sponde dell'Atlantico*, Verona: Ombre Corte 2009.

Kapital letztlich eine vollständige Trennung von der ArbeiterIn, die es produziert: »Die *Wissenschaft* als das allgemeine geistige Produkt der gesellschaftlichen Entwicklung, erscheint hier ebenso dem Kapital direkt einverleibt (die Anwendung derselben als Wissenschaft, getrennt von dem Wissen und Können der einzelnen Arbeiter, auf den materiellen Produktionsprozess), und die allgemeine Entwicklung der Gesellschaft, weil sie vom Kapital der Arbeit gegenüber ausgebeutet wird, als Produktivkraft des Kapitals gegenüber der Arbeit wirkt, erscheint als *Entwicklung* des *Kapitals* und umso mehr, da für die große Mehrzahl die *Entleerung des Arbeitsvermögens* gleichen Schritt damit hält.«[12]

Die Kategorie des lebendigen Wissens beschränkt sich nicht darauf, die zentrale Rolle zu beschreiben, die die Wissenschaft und die verschiedenen Wissensformen im Produktionsprozess einnehmen, sondern lenkt den Blick auf ihre unmittelbare Vergesellschaftung und ihre direkte Einverleibung in die lebendige Arbeit.[13] Die geistige Arbeit – deren Zusammensetzung seit den 1960er und 1970er Jahren von den Kämpfen um den freien Zugang der Massen zur Bildung und der Flucht aus den Fabriken und der Befreiung von den Ketten der

12 Karl Marx: »Resultate des unmittelbaren Produktionsprozesses« (= unveröffentlichtes 6. Kapitel des ersten Kapitalbands), in: *Marx-Engels-Gesamtausgabe MEGA,* II. Abt., Bd. 4.1, Berlin: Dietz 1992, S. 24-129, hier S. 80.
13 Vgl. Romano Alquati: »L'università e la formazione: l'incorporamento del sapere sociale nel lavoro vivo«, in: *Aut Aut,* Nr. 154, Juli/August 1976.

Lohnarbeit geprägt war[14] – ist einerseits vom Unglück getroffen, selbst produktive Arbeit zu werden; andererseits ist ihr aber auch die Tendenz eigen, sich vom automatisierten System der Maschinen zu emanzipieren.[15] Der *General Intellect* vergegenständlicht sich demnach (zumindest in zeitlich stabilen Prozessen) nicht mehr im toten Wissen, sondern bildet sich vornehmlich in der sozialen Kooperation und in der Produktion lebendigen Wissens heraus. Er ist nicht von den Subjekten zu trennen, aus denen er sich zusammensetzt. Um es in anderen Begriffen auszudrücken: Das variable Kapital saugt tendenziell das konstante Kapital in sich auf. Insofern zwingt die Notwendigkeit, das lebendige Wissen auf abstraktes Wissen zu reduzieren (d.h. es messbar zu machen), das Kapital dazu, vollkommen willkürliche, künstliche Zeiteinheiten durchzusetzen, von denen die Universität und das Bildungssystem eine ganze Bandbreite anzubieten haben. Der Überschuss wird also zum konstitutiven Bestandteil der kognitiven Produktion. Die Krise des Wertgesetzes nimmt in den Bewegungen konkreter Figuren Gestalt an, über die permanente Spannung zwischen Autonomie und Unterordnung, zwischen Selbstinwertsetzung und *enclosure*.

Vor diesem Hintergrund verstehe ich die Produktion des lebendigen Wissens – angeregt von einem

---

14 Vgl. Romano Alquati, Nicola Negri, Andrea Sormano: *Università di ceto medio e proletariato intellettuale*, Torino: Stampatori 1978.

15 Vgl. Hans-Jürgen Krahl: *Konstitution und Klassenkampf*, Frankfurt/M.: Verlag Neue Kritik 1971.

wichtigen Buch von Jason Read[16] – in der doppelten
Bedeutung des Genitivs, d.h. einerseits als Herausbildung des lebendigen Wissens und andererseits als sein
produktives Vermögen, und zwar nicht nur im Dienste
des Kapitals, sondern auch in autonomer Weise. Anders ausgedrückt: In der verborgenen Stätte der Produktion erschließt sich die materielle Herausbildung
des lebendigen Wissens im Spannungsfeld von Norma-
lisierungsprozessen, kapitalistischer Vereinnahmung
und Verwertung *und* Formen der Autonomie bzw. der
einzelnen oder kollektiven Selbstinwertsetzung der
lebendigen Subjekte der Produktion. Das Geheimnis
»der Plusmacherei«, der Herstellung des Mehrwerts,
liegt in der Produktion der Subjektivitäten. Von diesem Gesichtspunkt aus muss die Unterscheidung und
vermeintliche zeitliche Aufeinanderfolge von Kämpfen
gegen Ausbeutung und Kämpfen rund um Prozesse der
Subjektivierung, wie sie Foucault nahegelegt hat, heute
vollkommen neu formuliert werden. Es gibt heutzutage keine Ausbeutung ohne die Erfassung, d.h. das
Durchtrennen, der kooperativen Netze, die die Produktion des Gemeinsamen prägen. Die Kämpfe um die
Produktion von Subjektivität und lebendigem Wissen
sind also unmittelbar Kämpfe gegen Ausbeutung und
umgekehrt. Besser gesagt, sie sind die konkrete Form,
über die sich der Klassenkampf als zeitgemäß erweist.

Kann die Universität in diesem Rahmen als der pri-
vilegierte Ort betrachtet werden, um die Produktion

---

16 Jason Read: *The Micro-Politics of Capital. Marx and the
Prehistory of the Present*, Albany: State University of New York
Press 2003.

des lebendigen Wissens zu untersuchen? Das transnationale Projekt edu-factory (www.edu-fatcory.org)
geht davon aus, dass es so ist. Allerdings gilt es auch
hier, zu präzisieren, angefangen beim Namen: Ist die
Universität eine Fabrik? Natürlich nicht, wenn wir ihre
konkrete Funktionsweise im Auge haben. Es gibt einen
spezifischen und nicht reduzierbaren Unterschied zwischen der Universität und der tayloristischen Fabrik,
zwischen der Produktion von Forschung und Lehre
und der wissenschaftlichen Arbeitsorganisation über
die Messung der einzelnen Tätigkeiten, die Geschwindigkeit der Ausführung und die Serialisierung. Wenn
die Produktion von Wissen nicht messbar ist, es sei
denn auf künstliche Weise, dann ist es klar, dass eine
tayloristische Organisation (über Chronometer, Vor-
hersehbarkeit und Wiederholbarkeit der Bewegungen
oder virtuelle Fließbänder) in diesem Fall nicht stattha-
ben kann. Das Bild der Fabrik ist dennoch gerechtfertigt, wenn mit edu-factory das unmittelbare Produk-
tivwerden der Universität gemeint ist, ihre charakteris-
tischen Weisen, die lebendige Arbeit zu organisieren,
zu kontrollieren und zu disziplinieren, ihre veränderte
Rolle im zeitgenössischen Kapitalismus. Die Krise
der modernen Universität, die mit der Auflösung der
Dialektik von *öffentlich* und *privat* einhergeht, ist in
der Tat unumkehrbar. Die Kategorien »Metropolen-
Universität« oder »*global university*«[17] bezeichnen
keine neue Phase. Sie liefern nur eine weitere Defini-

---

17 Vgl. Collettivo edu-factory (Hg.): *Università globale. Il nuovo
mercato del sapere*, Roma: Manifestolibri 2008 (für die engl. Übersetzung siehe Edu-factory Collective (Hg.): *Towards a Global Uni-*

tion der Krise, indem sie das Spannungsfeld zwischen dem Überschuss des lebendigen Wissens und der kapitalistischen Vereinnahmung sichtbar werden lassen. Anders ausgedrückt: Genau in s Moment, in dem das Wissen im Produktionssystem und für die Formen der Kapitalakkumulation zentral wird, muss die Universität nicht nur auf die Rolle verzichten, die sie in der Moderne innehatte, sondern auch auf die Möglichkeit, die Funktion zu übernehmen, die einst von der Fabrik ausgefüllt wurde. Es geht nicht nur um ein Problem der räumlichen Organisation oder der Einführung eines Prinzips des Zusammenschlusses, das imstande wäre, die akademische Gemeinschaft zu retten, indem sie deren Übergang zur »Multiversity« leitet. Die Universität kann als paradigmatisch für die zeitgenössischen Transformationen in genau dem Maß gelten, wie sie ihre Zentralität als Ort der Wissensvermittlung einbüßt. Anstatt einen neuen Ort zu besetzen, durchdringt sie den gesamten metropolitanen Zeitraum, bildet die neuen Formen der kognitiven Arbeit heraus und modelliert die Möglichkeiten der Organisation von Unternehmen. Die Vertriebswirtschaftlichung der Universität ist somit aufs Engste verflochten mit der Universitarisierung des Betriebs.[18]

Es geht darum, die politische Dringlichkeit zu begreifen, die in diesem Bild enthalten ist: Wie können wir uns in der Krise der Universität organisieren, die

---

versity. *Cognitive Labor, the Production of Knowledge, and Exodus from the Education Factory,* New York: Autonomedia 2009).
18 Vgl. Andrew Ross: »L'ascesa della Global University«, in: *Collettivo edu-factory, Università globale,* a.a.O., S. 29-39.

funktioniert, *als ob* sie eine Fabrik wäre? Wie ist der politische Kern zu bestimmen, der den Vergleich zwischen Universität und Fabrik als schlüssig erscheinen lässt, wenn man davon ausgeht, dass ihre jeweilige konkrete Funktionsweise und ihre zeitlich-räumlichen Koordinaten eigentlich miteinander nicht vergleichbar sind? Anders ausgedrückt: Wie kann das Problem der politischen Organisation nach dem Zusammenbruch ihrer traditionellen Formen, also der Gewerkschaft und der Partei, neu gedacht werden? Wie kann es vor allem gänzlich innerhalb der neuen Zusammensetzung der lebendigen Arbeit neu gedacht werden, innerhalb deren letztlich kein Außen mehr praktikabel erscheint?

KLASSENZUSAMMENSETZUNG UND PRODUKTION DES GEMEINSAMEN

Wenn hier von Überschuss die Rede ist, dann ist damit keineswegs eine ausschließliche Eigenschaft der kognitiven Arbeit oder der Wissensproduktion gemeint. Im Herzen der kapitalistischen Produktionsweise gibt es stets Kooperationsverhältnisse, die nicht nur Kapital produzieren, sondern auch reale Möglichkeiten, über es hinauszugehen. Das Problem besteht demnach darin, das Besondere an den zeitgenössischen Arbeitsformen im Kapitalverhältnis zu erfassen, bei dem die Herstellung von Wissen als Rohstoff für den Produktionsprozess und als Produktionsmittel im Mittelpunkt steht. Diese beständige Hervorbringung von Wissen ist nicht messbar, und doch wird sie stets gemessen, um auf künstliche Weise Knappheit zu erzeugen, wo eigentlich Reichtum und Fülle herrschen. Marx stellt in seinem berühmten »Fragment über die Maschinen« dar, was geschieht, wenn die konkrete Arbeit und ihre Quantität als beherrschendes Prinzip der Produktion verschwinden: »Die Entwicklung des capital fixe zeigt an, bis zu welchem Grade das allgemeine gesellschaftliche Wissen, knowledge, zur *unmittelbaren Produktivkraft* geworden ist, und daher die Bedingungen des gesellschaftlichen Lebensprozesses selbst unter die Kontrolle des general intellect gekommen, und ihm gemäß umgeschaffen sind.«[19] Für das Kapital wird die Möglichkeit, auch unter diesen Bedingungen noch die Arbeitszeit zu messen, zu einer Frage auf Leben und Tod. Das Wertgesetz muss in Kraft bleiben, obwohl es keine Gültigkeit mehr besitzt. Mit anderen Worten wird die Arbeitszeit, insofern sie nicht mehr das Maß der Produktivität ist, ausschließlich zur politischen Maßnahme der Ausbeutung.

»Der Diebstahl an fremder Arbeitszeit, worauf der jetzige Reichtum beruht, erscheint miserable Grundlage gegen diese neu entwickelte, durch die große Industrie selbst geschaffene.«[20] Der Überschuss muss also vom subjektiven Standpunkt her gesucht werden, in Begriffen des Widerstands und der Trennung, d.h. in der Organisation der Autonomie des lebendigen Wissens. Er muss in den Subjektivierungsprozessen

---

19 Karl Marx: *Grundrisse der Kritik der politischen Ökonomie*, MEW, Bd. 42, Berlin: Dietz 1983, S. 602.
20 Ebd., S. 593.

innerhalb der *Klassenzusammensetzung* aufgespürt werden. Diese vom Operaismus[21] geprägte Kategorie geht allerdings nicht von einer ursprünglichen Einheit der Arbeit aus, die vom Kapitalismus durchtrennt worden sei und deshalb wieder zusammengesetzt werden müsse. Auch gilt es vom operaistischen Standpunkt aus nicht, irgendein Bewusstsein freizulegen, um die Klasse an sich mit der Klasse für sich zu vereinen. Zwischen der *technischen Zusammensetzung*, die auf der kapitalistischen Gliederung und Hierarchisierung der Arbeitskraft beruht, und der *politischen Zusammensetzung*, verstanden als Konstitutionsprozess der Klasse als eines autonomen Subjekts, herrscht weder Symmetrie noch dialektische Umkehrung. Die Klasse existiert nämlich nicht unabhängig von den realen und kontingenten historischen Bedingungen ihrer subjektiven Herausbildung. Ihre Herausbildung ist gleichzeitig der Einsatz und die Möglichkeitsbedingung eines Konflikts, und keine apriorische Gegebenheit. Von diesem Blickwinkel aus ist ein gefährlicher Kurzschluss zu beobachten, und zwar sowohl bei denen, die ausschließlich die technische Zusammensetzung im Auge haben und deshalb die Handlungsmöglichkeiten der Subjekte auf die Forderung nach Anerkennung der Leistungen beschränken, als auch bei denen, die sich die politische Zusammensetzung losgelöst von den Prozessen der Hierarchisierung vorstellen, die heute unter dem Namen der Kognitivisierung diskutiert werden. Im einen Fall wird der Käfig der Segmentierungen des

---

21 Steve Wright: *Den Himmel stürmen. Eine Theoriegeschichte des Operaismus*, Hamburg: Assoziation A 2005.

Arbeitsmarktes legitimiert, während im anderen Fall eine bloß ideologische Abkehr von den realen Bedingungen stattfindet. In beiden Fällen geht die Marx'sche Bestimmung des Kapitals als eines sozialen Verhältnisses verloren.

Der Begriff der Klassenzusammensetzung ist allerdings eine der Kategorien des Operaismus, die nicht in der Form, in der sie ursprünglich erdacht worden sind, wieder aufgenommen werden können. Einerseits steht dem das bereits erwähnte Ende der Fabrik als des zentralen Ortes nicht nur der Arbeitsorganisation, sondern vor allem als des Paradigmas der räumlich-zeitlichen Koordinaten für die Produktion von Subjektivitäten entgegen. Andererseits führt die wechselseitige Durchdringung von Leben und Arbeit dazu, dass die klassische Unterscheidung zwischen produktiver und nicht produktiver Arbeit unbrauchbar wird, nachdem die ArbeiterInnenklasse in ihrer Zentralität als politische Trägerfigur der produktiven Arbeit verschwunden ist. Diese Unterscheidung hatte für Marx jedoch nicht nur eine deskriptive Funktion, sondern diente auch dem Erkennen des Feindes. Es handelt sich also nicht um ein soziologisches Kriterium, sondern um ein Angriffsdispositiv. Da ersteres keine Bedeutung mehr hat, müssen wir auch letzteres radikal neu zu denken versuchen: Wie der beschriebene Fall des Mobilfunkanbieters 3 lehrt, entsteht die Produktivität nicht durch den Umstand, ob man für seine Tätigkeit bezahlt wird oder nicht, sondern durch die konflikthafte Beziehung zwischen der Produktion des Gemeinsamen und dessen Vereinnahmung.

Wo das Gemeinsame jedoch zur Grundstruktur der Organisation der gesellschaftlichen Kooperation wird, erhält es ein doppeltes Statut: Es ist zugleich das, was die lebendige Arbeit hervorbringt und was das Kapital vereinnahmt, die reale Grundlage eines neuen sozialen Verhältnisses und das Ziel der Akkumulation über die Rendite. Es ist also in eins tödliche Bedrohung und verzweifelt benötigte Ressource für einen Kapitalismus in der Krise. Das Gemeinsame, das sich über das Verhältnis zwischen Einheit und Vielheit bestimmt, muss vom Kapital beständig in die abstrakte Sprache des Wertes und des Maßes übersetzt werden. Die Fülle des Gemeinsamen muss in die leere Sprache des Universellen übertragen werden und hört auf diese Weise auf, Gemeinsames zu sein. Anders ausgedrückt: Die Differenzen – die eine ihrem Wesen nach heterogene Zusammensetzung der globalen Arbeit formen – werden nicht negiert, sondern nach dem Prinzip des getrennten Nebeneinanders aufgegliedert, und zwar in dem Maße, wie die Singularitäten auf die Identität ihrer vorgeblichen Zugehörigkeit zurückgeführt werden (ethnisch, sexuell, territorial, zu dieser oder jener Gemeinschaft, zu dieser oder jener sozialen Gruppe, zu dieser oder jener Berufsgruppe usw.). Wenn wir noch einmal die klassischen Kategorien des Operaismus aufnehmen, die wir uns neu zu bestimmen vorgenommen haben, so können wir zunächst einmal festhalten, dass dies die technische Zusammensetzung ist, die den Prozessen des differenziellen Einschlusses auf dem Markt der kognitiven Arbeit Form verleiht. Es handelt sich um die kapitalistische Fassung der Antwort auf die Krise der Regierbarkeit, die durch die Kämpfe einer spezifischen politischen Zusammensetzung verursacht wurde. Innerhalb der technischen Zusammensetzung mangelt es nicht an Konflikten, doch besteht, wie wir gesehen haben, die Gefahr, dass man nicht über die Politik der Anerkennung hinausgeht, d.h. der Forderung nach einer eigenen Position – als Differenz – innerhalb der kapitalistischen Hierarchie. Der Wettbewerb unter den Differenzen wird in diesem Sinn zu einer Form der Neutralisierung des Klassenkampfs, der Erhaltung und Reproduktion der bestehenden Segmentierungen. Wir können deshalb die politische Zusammensetzung als einen Prozess der »Desidentifikation«[22] neu bestimmen, als Entwurzelung gegenüber der scheinbaren Natürlichkeit einer Position, die innerhalb der Mechanismen der differenziellen Inklusion eingenommen wird. Es geht um die Auflösung der technischen Zusammensetzung und die Neuzusammensetzung auf einer Kraftlinie, die ihre Bestimmung in der Produktion des Gemeinsamen findet. In diesem Sinn können wir von einem *Klasse-Werden* sprechen, als Einsatz in einem Kampfprozess, nicht als deren objektive Vorbedingung.

Auf dem Fehlen jeglicher Symmetrie zwischen technischer und politischer Zusammensetzung zu beharren heißt jedoch nicht, zu behaupten, dass diese beiden Kategorien vollkommen voneinander losgelöst sind. Als Prozesse werden sie in der Tat durch die vielfältigen Formen der Produktion von Subjektivitäten und durch die Mechanismen der kapitalistischen Verwertung ge-

---

22 Jacques Rancière: *Das Unvernehmen*, Frankfurt/M.: Suhrkamp 2002.

bildet und in ein Verhältnis der Spannung zueinander gesetzt. Dies bedeutet, dass die technische Zusammensetzung nicht nur durch die Herrschaft des Kapitals strukturiert wird, sondern ein zeitlich begrenztes Bild der Dynamik eines Konflikts darstellt und insofern stets offen für ihre eigene Subversion ist. Die politische Zusammensetzung wiederum ist *per definitionem* keineswegs vor korporatistischen Positionen oder neuen identitären Schließungen gefeit. Der Kern der Fragestellung besteht demnach darin, das offene und umkehrbare Verhältnis zwischen den beiden Prozessen in seiner Situiertheit und historischen Bestimmtheit zu erfassen. Auch die Kognitivisierung der Arbeit bringt die Spannung zwischen der durch das lebendige Wissen eroberten Autonomie und der beständigen Neugestaltung des kapitalistischen Kommandos zum Ausdruck. Sie entwirft eine Ebene, auf der die politische Zusammensetzung der technischen vorausgeht und diese bestimmt, jedoch nicht vollkommen von dieser trennbar ist. Dieses Verhältnis verliert also einerseits an Konturen und verkompliziert sich in dem Maße, wie es die räumlich-zeitliche Linearität des Verhältnisses zwischen ArbeiterInnen und Kapital nicht mehr gibt, das um die »fordistische« Fabrik herum angelegt war; andererseits ist das Verhältnis gänzlich innerhalb des Konflikts zwischen Autonomie und Unterordnung, zwischen Produktion des Gemeinsamen und kapitalistischer Vereinnahmung angesiedelt.

Genau hier treffen wir auf das »Geheimnis der Plusmacherei« und auf die reale Grundlage eines neuen sozialen Verhältnisses, das auf der Neuerfindung der Freiheit und der Gleichheit beruht. Um diese

Grundlage segmentieren und befehligen zu können, muss das Kapital ständig das kooperative Vermögen des lebendigen Wissens blockieren – was anderes sind die Gesetze zum Schutz des geistigen Eigentums, die Prekarität oder die Figur der KontrolleurIn, die wir im angeführten Beispiel der Firma 3 am Werk gesehen haben? Was anderes ist die zeitgenössische Krise als ein permanenter Bestandteil jener Finanzialisierung, die – weit davon entfernt, im Gegensatz zu irgendeiner »Realwirtschaft« zu stehen – die adäquate und perverse Form eines Systems ist, das sich in der Vereinnahmung des Gemeinsamen reproduziert, d.h. aus der unumkehrbaren Abhängigkeit von seinem Todfeind seine Lebensgeister bezieht?[23] Durch das, was einige TheoretikerInnen aus dem Umfeld von *The Economist* als den »Kommunismus des Kapitals« definiert haben, erhält der Widerspruch zwischen Produktivkräften und Produktionsverhältnissen in völlig neuen Begriffen eine hoch aktuelle Bedeutung. Die Krise ist hier nicht mehr nur eine strukturelle zyklische Gegebenheit, sondern wird zum permanenten und unüberwindlichen Bestandteil der kapitalistischen Formen der Akkumulation: Das Kapital ist gezwungen, die Produktion des Reichtums zu beschränken, den es nicht zu vereinnahmen imstande ist. Auch wenn die Theoretiker der »Wachstumsrücknahme« dies heftig bestreiten würden, die kapitalistische Entwicklung hängt gerade von der Politik der Rücknahme des Wachstums ab.

---

23 Vgl. Sandro Mezzadra, Andrea Fumagalli (Hg.): *Die Krise denken. Finanzmärkte, soziale Kämpfe und neue politische Szenarien*, Münster: Unrast 2010.

Wenn endlich jegliche Utopie einer glücklichen Insel zerschellt ist, die vor dem Tauschwert geschützt ist, bzw. der Traum von der Existenz von Naturgütern, die es zu verteidigen gilt, ausgeträumt ist, dann wird die antagonistische Kritik der Entwicklung unmittelbar Befreiung des autonomen Vermögens der Produktivkräfte. Dies bedeutet die Herausbildung der Institutionen des Gemeinsamen, d.h. die Fähigkeit, die Autonomie und den Widerstand des lebendigen Wissens zu organisieren, das Kommando und die kollektive Leitung innerhalb der sozialen Kooperation festzulegen, gemeinsame Normen über die Destrukturierung der bestehenden Universität hervorzubringen.

Dies ist die Herausforderung, die sich innerhalb der Prozesse der »Verbetriebswirtschaftlichung« und der Herausbildung der *global university* stellt. Wie die Bewegungen und die Kämpfe in Europa und auf globaler Ebene zeigen, ist keine Nostalgie oder Verteidigung von Bestehendem zulässig: *Öffentlich* und *privat* erweisen sich letztlich als zwei Seiten ein und derselben kapitalistischen Medaille. Der Einsatz ist heute viel höher: Was heute definitiv in die Krise geraten ist, ist das epistemologische Statut des Wissens, auf dem die Organisation der wissenschaftlichen Disziplinen aufbaute, sowie auch die neuen Machtcodes der Inter- und Multidisziplinarität. Zu fragen ist also unmittelbar nach einer neuen Organisation des Wissens, deren Leitung und Kontrolle nicht mehr außerhalb, sondern innerhalb der Zusammensetzung der Arbeit angesiedelt ist. Es geht um den hier und jetzt zu vollbringenden Aufbau einer *Universität des Gemeinsamen*, was zugleich die kollektive Aneignung dessen bedeutet, was das Vermögen des lebendigen Wissens produziert und was in der ans Ende gelangten Dialektik zwischen *öffentlich* und *privat* eingefroren ist.

Allerdings ist damit keine Überhöhung des Ereignisses intendiert, oder noch schlimmer, eines Ereignisses ohne Prozess. Es geht im Kern um die Instituierung eines neuen Zeitverhältnisses zwischen Ereignis und Sedimentierung, zwischen Krise und Entscheidung, zwischen konstituierendem Prozess und konkreten politischen Formen, zwischen Bruch und Organisation. Wir gehen davon aus, dass das Ereignis ein Ergebnis ist, niemals aber Ursprung von etwas sein kann. Am Anfang stehen immer der Widerstand und die Organisation der Produktion des Gemeinsamen, d.h. ein institutionelles Denken der Gegenwart und des Ereignisses selbst. In dem Maße, wie es der Klassenzusammensetzung und der Zeitlichkeit des Konflikts immanent ist, ist das Verhältnis beständig durchzogen von der Möglichkeit der Subversion dieser Zusammensetzung und dieses Konflikts. Da die Kritik des Wissens heute unmittelbar auch Kritik der politischen Ökonomie wird, sind die Auseinandersetzungen um die Bildung im vollen Sinn des Wortes Arbeitskonflikte. Der Überschuss und das Unmaß des lebendigen Wissens können nun ihr Gewand als einfache deskriptive Gegebenheiten abstreifen, um das konstituierende Vermögen neuer Institutionen für sich zu entdecken. Um den Klassenkampf und den Kommunismus in der Gegenwart radikal neu zu denken.

Aus dem Italienischen von Klaus Neundlinger

Alquati, Romano: »L'università e la formazione: l'incorporamento del sapere sociale nel lavoro vivo«, in: *Aut Aut*, Nr. 154, Juli/August 1976.

– /Negri, Nicola, Sormano, Andrea: *Università di ceto medio e proletariato intellettuale*, Torino: Stampatori 1978.

Benkler, Yochai: *The Wealth of Networks. How Social Production Transforms Markets and Freedom*, New Haven: Yale University Press 2007.

Biao, Xiang: *Global »Body Shopping«: An Indian Labor System in the Information Technology Industry*, Princeton: Princeton University Press 2007.

Collettivo edu-factory (Hg.): *Università globale. Il nuovo mercato del sapere*, Roma: Manifestolibri 2008.

De Nicola, Alberto, Roggero, Gigi, Vecchi, Benedetto: »Contro la creative class«, in: *Posse*, Oktober 2007, S. 84-94 (online in: *transversal: »Creativity Hypes«*, Februar 2007, http://eipcp.net/transversal/0207/denicolaetal/it).

Edu-factory Collective (Hg.): *Towards a Global University. Cognitive Labor, the Production of Knowledge, and Exodus from the Education Factory*, New York: Autonomedia 2009.

Harvey, David: *The Conditions of Postmodernity. An Inquiry into the Origins of Cultural Change*, Cambridge: Blackwell 1990.

Krahl, Hans-Jürgen: *Konstitution und Klassenkampf*, Frankfurt/M.: Verlag Neue Kritik 1971.

Marazzi, Christian: »Capitalismo digitale e modello antropogenetico di produzione«, in: Federico Chicchi, Jean-Louis Laville, Michele La Rosa, Christian Marazzi (Hg.): *Reinventare il lavoro*, Roma: Sapere 2005, S. 107-126.

Marx, Karl: *Das Kapital. Erster Band, MEW*, Bd. 23, Berlin: Dietz 1975.

– *Grundrisse der Kritik der politischen Ökonomie, MEW*, Bd. 42, Berlin: Dietz 1983.

– »Resultate des unmittelbaren Produktionsprozesses«, in: *Marx-Engels-Gesamtausgababe MEGA*, II. Abt., Bd. 4.1, Berlin: Dietz 1992, S. 24-129.

Mezzadra, Sandro, Neilson, Brett: »Die Grenze als Methode, oder die Vervielfältigung der Arbeit«, in: *transversal: »Borders, Nations, Translations«*, Juni 2008, http://eipcp.net/transversal/0608/mezzadraneilson/de.

Mezzadra, Sandro, Fumagalli, Andrea(Hg.): *Die Krise denken. Finanzmärkte, soziale Kämpfe und neue politische Szenarien*, Münster: Unrast 2010.

Rancière, Jacques: *Das Unvernehmen*, Frankfurt/M.: Suhrkamp 2002.

Read, Jason: *The Micro-Politics of Capital. Marx and the Prehistory of the Present*, Albany: State University of New York Press 2003.

Roggero, Gigi: *La produzione del sapere vivo. Crisi dell'università e trasformazione del lavoro tra le due sponde dell'Atlantico*, Verona: Ombre Corte 2009.

Ross, Andrew: »L'ascesa della Global University«, in: Collettivo edu-factory, *Università globale*, S. 29-39.

– *Nice Work If You Can Get It: Life and Labour in Precarious Times*, New York, London: New York University Press 2009.

Vercellone, Carlo (Hg.): *Capitalismo cognitivo. Conoscenza e finanza nell'epoca postfordista*, Roma: Manifestolibri 2006.

Wong, Ahiwa: *Neoliberalism as Exception: Mutations in Citizenship and Sovereignity*, Durham/NC, London: Duke University Press 2006.

Wright, Steve: *Den Himmel stürmen. Eine Theoriegeschichte des Operaismus*, Hamburg: Assoziation A 2005.

Anmerkungen zur edu-factory und zum kognitiven Kapitalismus

George Caffentzis und Silvia Federici

Im Rahmen der edu-factory-Diskussion wollen wir in diesem Text einige Überlegungen zu zwei zentralen Konzepten diskutieren: zu dem der edu-factory selbst und dem des kognitiven Kapitalismus.[1] Erstens stimmen wir dem Hauptelement der Diskussion innerhalb der edu-factory zu: *Was einst die Fabrik war, ist nun die Universität.* War einst die Fabrik ein paradigmatischer Ort des Kampfs zwischen ArbeiterInnen und KapitalistInnen, so ist heute die Universität ein wesentlicher Ort des Konflikts um den Besitz von Wissen, die Reproduktion der Arbeitskraft und die Herstellung sozialer und kultureller Stratifizierung. Denn die Universität ist nicht einfach eine weitere Institution, die der staatlichen und gouvernementalen Kontrolle unterworfen ist, sondern ein entscheidender Ort, an dem breitere soziale Kämpfe gewonnen und verloren werden.

---

1   Der Text wurde erstmals im Rahmen der ersten Diskussionsrunde der edu-factory-mailinglist im Mai 2007 auf Englisch veröffentlicht. Zur edu-factory siehe u.a. The Edu-factory Collective: »*The Edufactory Manifesto*«, http://www.edu-factory.org/wp/about/ (Anm. d. Hrsg.).

Die Unterstützung von CAFA (Committee for Academic Freedom in Africa) für die Kämpfe an afrikanischen Universitäten folgte derselben Analyse und Logik. Universitäten sind wichtige Orte des Klassenkampfs – nicht nur in Europa und Nordamerika. Wir bestanden auf diesem Punkt gegenüber den KritikerInnen der postkolonialen Universität, die jede Bemühung zu einer Verteidigung eines Bildungssystems, das ihrer Ansicht nach dem Modell kolonialer Bildung folgt, verachten. Wir argumentierten dagegen, dass die universitären Kämpfe in Afrika die Weigerung ausdrücken, das internationale Kapital Folgendes tun zu lassen: erstens über die Arbeitsbedingungen zu entscheiden, zweitens sich das in diese Institutionen investierte Vermögen, für die die Leute bezahlt haben, anzueignen, drittens Unterdrückung zuzulassen und viertens die Demokratisierung und Politisierung von Bildung, die an afrikanischen Universitäten in den 1980er und 1990er Jahren entstanden ist, zu unterdrücken.

Allgemeiner ausgedrückt: Ebenso, wie wir uns gegen die Schließung von Fabriken richten würden, in denen die ArbeiterInnen für die Kontrolle über Arbeit und Bezahlung kämpfen – vor allem, wenn diese ArbeiterInnen entschlossen sind, gegen die Schließung zu kämpfen –, sind wir uns einig, dass wir gegen den Abbau öffentlicher Bildung Widerstand leisten sollten, selbst wenn Schulen auch Instrumente von Klassenherrschaft und Entfremdung sind. Dies ist ein Widerspruch, den wir nicht wegwünschen können und der in allen unseren Kämpfen präsent ist. Egal, ob wir um Bildung, Gesundheit, Wohnraum usw. kämpfen, ist es illusorisch zu glauben, wir könnten uns, wann immer wir es wollen, außerhalb der kapitalistischen Verhältnisse situieren und von dort aus eine neue Gesellschaft erschaffen. Wie StudentInnenbewegungen auf der ganzen Welt gezeigt haben, sind Universitäten nicht nur die Kinderstuben der FührerInnen einer neoliberalen Elite, sondern auch der Boden für Diskussion, für die Herausforderung institutioneller Politik und für die Wiederaneignung von Ressourcen. Durch diese Diskussionen, Kämpfe und Wiederaneignungen sowie durch die Verknüpfung der Kämpfe in den Universitäten mit anderen Kämpfen der gesellschaftlichen Fabrik schaffen wir alternative Bildungsformen und -praxen. Mit dem Vertrag von 1974 gelang es beispielsweise den MetallarbeiterInnen in Italien, einhundertfünfzig Stunden bezahlten Bildungsurlaubs pro Jahr zu erreichen, für den sie gemeinsam mit LehrerInnen meist aus der StudentInnenbewegung Studienpläne organisierten, die die kapitalistische Organisation von Arbeit – auch an ihren eigenen Arbeitsplätzen – untersuchten. In den USA gehörten die Universitäten seit den 1960er Jahren zu den Zentren der Anti-Kriegsbewegung und produzierten eine Vielzahl von Analysen des militärisch-industriellen Komplexes und der Rolle der Universitäten in dessen Funktion und Ausbreitung. In Afrika waren die Universitäten Zentren des Widerstands gegen die strukturelle Anpassung und der Analyse ihrer Implikationen. Dies ist sicherlich einer der Gründe, warum die Weltbank dermaßen daran interessiert war, sie aufzulösen.

Der Kampf in der edu-factory ist heute auf Grund der strategischen Rolle des Wissens innerhalb des Produktionssystems von besonderer Bedeutung, vor allem auf Grund des Kontextes, in dem die »Abschottung« von Wissen (seine Privatisierung, Kommodifizierung und Enteignung durch die vorherrschenden Systeme geistigen Eigentums) eine Säule der ökonomischen Neugestaltung darstellt. Wir sind allerdings darauf bedacht, diese Rolle nicht zu überschätzen und/oder das Konzept der edu-factory für die Schaffung neuer Hierarchien hinsichtlich der Arbeit und der Formen kapitalistischer Akkumulation einzusetzen. Diese Bedenken sind eine Folge unserer Deutung des Gebrauchs des Begriffs »kognitiver Kapitalismus«.

Es ist sicherlich richtig, dass es notwendig ist, die maßgeblichen Formen kapitalistischer Akkumulation in all ihren verschiedenen Phasen zu bestimmen und ihre »Tendenz« zur Hegemonialisierung (wenn auch nicht Homogenisierung) anderer Formen kapitalistischer Produktion zu erkennen. Doch sollten wir die Kritiken an den marxistischen Theorien nicht aufgeben, die von der antikolonialen Bewegung und vom Feminismus entwickelt wurden und die gezeigt haben, dass die kapitalistische Akkumulation genau durch ihre Fähigkeit gedieh, gleichzeitig Entwicklung und Unterentwicklung, bezahlte und unbezahlte Arbeit, Produktion auf der höchsten Ebene technischen Know-hows und Produktion auf den niedrigsten Ebenen zu organisieren. Mit anderen Worten: Wir sollten das Argument nicht aufgeben, dass die kapitalistische Akkumulation sich trotz so vieler Kämpfe exakt durch diese Disparitäten, durch die von diesen innerhalb der ArbeiterInnenklasse geschaffenen Spaltungen und durch die Fähigkeit, Reichtum/Mehrwert von einem Pol zum anderen zu verlagern, ausgedehnt hat.

KOGNITIVE ARBEIT UND INTERNATIONALE ARBEITSTEILUNG

Diesem Argument ist eine Menge von Problematiken inhärent, die wir in diesen Überlegungen nur berühren können. Im Weiteren wollen wir uns vor allem auf die politischen Implikationen der Verwendung des Begriffs »kognitiver Kapitalismus« konzentrieren. Doch stehen hier einige Punkte zur Diskussion. Erstens sollte die Geschichte des Kapitalismus zeigen, dass die kapitalistische Subsumtion aller Produktionsformen nicht die Ausdehnung der an einem bestimmten Punkt erreichten Ebene von Wissenschaft und Technologie auf alle ArbeiterInnen notwendig macht, die zum Akkumulationsprozess beitragen. Es wird heute beispielsweise anerkannt, dass das Plantagensystem kapitalistisch organisiert war und eigentlich ein Modell für die Fabrik darstellte. Dennoch arbeiteten die auf den Plantagen als BaumwollpflückerInnen beschäftigten SklavInnen der 1850er Jahre im Süden der USA nicht mit demselben technologischen Know-how, das den ArbeiterInnen der Textilfabriken im Norden der USA zu dieser Zeit zur Verfügung stand, obwohl ihr Produkt eine Lebensader für ebendiese Fabriken darstellte. Bedeutet dies, dass die SklavInnen im Süden IndustriearbeiterInnen, oder umgekehrt, dass die LohnarbeiterInnen im Norden PlantagenarbeiterInnen waren? In ähnlicher Weise hat der Kapitalismus bis heute trotz der Tatsache, dass unbezahlte Hausarbeit von Frauen eine Schlüsselquelle für die Akkumulation des Kapitals darstellt, diese nicht mechanisiert. Anders gefragt: Warum erleben wir am Höhepunkt einer Ära des »kognitiven Kapitalismus« eine Ausweitung von Arbeit unter sklavenähnlichen Bedingungen, auf der untersten Ebene technologischen Know-hows, von Kinderarbeit, Arbeit in Sweatshops, in neuen landwirtschaftlichen Plantagen und auf den Grubenfeldern Lateinamerikas, Afrikas usw.? Heißt das, dass die ArbeiterInnen unter diesen Bedingungen »kognitive ArbeiterInnen« sind? Sind sie und ihre Kämpfe unbedeutend für und/oder außerhalb des Kreislaufs kapitalistischer Akkumulation? Warum hat sich die Lohnarbeit – die einst als die bestimmende Form kapitalistischer Arbeit galt – noch nicht einmal auf die Mehrheit der ArbeiterInnen in kapitalistischen Gesellschaften ausgeweitet?

Diese Fragen legen nahe, dass Arbeit für die kapitalistische Akkumulation und nach kapitalistischem Modell organisiert sein kann, ohne dass die ArbeiterIn auf dem durchschnittlichen, am Höhepunkt kapitalistischer Produktion angewendeten Niveau technologischen oder wissenschaftlichen Wissens arbeitet. Diese Fragen sind zudem ein Verweis darauf, dass die Logik des Kapitalismus nur durch die Betrachtung der Gesamtheit seiner Verhältnisse und nicht nur der Spitzen seiner wissenschaftlichen oder technologischen Errungenschaften erfasst werden kann. Der Kapitalismus hat durch die internationale geschlechtliche und rassifizierte Arbeitsteilung sowie durch die »Unterentwicklung« bestimmter Sektoren seiner Produktion systematisch und strategisch Ungleichheiten produziert, und diese wurden durch die zunehmende Integration von Wissenschaft und Technologie in den Produktionsprozess nicht ausgelöscht, sondern vielmehr verstärkt. Zum Beispiel hat in der Ära kognitiver Arbeit die Mehrheit der AfrikanerInnen keinen Zugang zum Internet oder auch nicht einmal zum Telefon; selbst die winzige Minderheit, die darüber verfügt, hat auf Grund der unregelmäßigen Verfügbarkeit von Elektrizität nur für beschränkte Zeitabschnitte Zugang. In ähnlicher Weise ist der Analphabetismus besonders unter Frauen seit den 1970er Jahren bis heute exponentiell angestiegen. Mit anderen Worten wurde ein Sprung nach vorne für viele ArbeiterInnen von einem Sprung nach hinten für etliche andere begleitet, die nun sogar noch mehr vom »globalen Diskurs« ausgeschlossen und gewiss nicht in der Lage sind, in globalen, internetbasierten Kooperationsnetzwerken zu partizipieren.

REPRODUKTIVE ARBEIT IM KOGNITIVEN KAPITALISMUS

Am wichtigsten sind, zweitens, die politischen Implikationen des Gebrauchs der Begriffe »kognitiver Kapitalismus« und »kognitive Arbeit«, der die fortdauernde

Bedeutung anderer Formen von Arbeit als Beitrag zum Akkumulationsprozess ausblendet. Es besteht die Gefahr, dass wir durch die Hervorhebung einer Art von Kapital (und damit einer Art von ArbeiterIn) als produktivste, avancierteste und exemplarischste für das zeitgenössische Paradigma usw. eine neue Hierarchie des Kampfs herstellen und eine Form des Aktivismus betreiben, der eine Neuzusammensetzung der ArbeiterInnenklasse unmöglich macht. Eine andere Gefahr liegt darin, dass wir verabsäumen, die strategischen Züge vorwegzunehmen, durch die der Kapitalismus den Akkumulationsprozess neu strukturieren kann, indem er die Ungleichheiten innerhalb der globalen ArbeiterInnenschaft ausnutzt. Exemplarisch ist hierfür, wie der Schwung der letzten Welle der Globalisierung erreicht wurde.

Hinsichtlich der Gefahr, in unserem Aktivismus die durch die Ausdehnung kapitalistischer Verhältnisse geschaffenen Hierarchien der Arbeit zu bestätigen, können wir eine Menge aus der Vergangenheit lernen. Wie die Geschichte des Klassenkampfes zeigt, ist die Privilegierung eines Sektors der ArbeiterInnenklasse über die anderen der sicherste Weg zur Niederlage. Zweifellos haben bestimmte ArbeiterInnen eine wesentliche Rolle in einzelnen historischen Phasen der Entwicklung des Kapitalismus gespielt. Doch bezahlte die ArbeiterInnenklasse einen sehr hohen Preis für eine revolutionäre Logik, die nach dem Muster der Hierarchien in der kapitalistischen Arbeitsorganisation Hierarchien zwischen revolutionären Subjekten erzeugte. Die marxistischen und sozialistischen AktivistInnen in

Europa verloren die revolutionäre Kraft der »Bauern-bevölkerung« der Welt aus den Augen. Mehr noch, die Bauernbewegungen wurden von den KommunistInnen zerstört (vgl. den Fall der ELAS in Griechenland), die ausschließlich die FabrikarbeiterInnen als organisier-bar und »wirklich revolutionär« betrachteten. Die SozialistInnen und MarxistInnen übersahen auch die gewaltige (Haus-)Arbeit, die getan wurde, um die In-dustriearbeiterInnen zu produzieren und reproduzie-ren. Der riesige »Eisberg« von Arbeit im Kapitalismus (um eine Metapher von Maria Mies zu verwenden) wurde durch die Tendenz, nur die Spitze des Eisbergs, nämlich die Industriearbeit, zu betrachten, unsichtbar gemacht, während die an der Reproduktion der Ar-beitskraft beteiligte Arbeit aus dem Blick verschwand. Dies hatte zur Folge, dass der Feminismus oft bekämpft und als etwas außerhalb des Klassenkampfs betrachtet wurde.

Ironischerweise waren es die Bauernbewegungen Mexikos, Chinas, Kubas, Vietnams und auch in großem Maße Russlands, die unter dem Regime des industri-ellen Kapitalismus die Revolutionen des 20. Jahrhun-derts durchführten. Auch in den 1960er Jahren kam der Impuls für eine Veränderung auf globaler Ebene aus dem Kampf des Antikolonialismus, einschließ-lich des Kampfs gegen die Apartheid und für Black Power in den USA. Heute sind es die indigenen Bevöl-kerungen, die Campesinos, die Arbeitslosen Mexikos (in Chiapas, Oaxaca), Boliviens, Ecuadors, Brasiliens und Venezuelas, die BäuerInnen Indiens, die Maquila-ArbeiterInnen an den Grenzen zu den USA, die mi-grantischen ArbeiterInnen in den USA usw., die den avanciertesten Kampf gegen die globale Ausdehnung kapitalistischer Verhältnisse führen.

Wir wollen eines klarstellen: Wir bringen diese Argumente nicht vor, um die Bedeutung der Kämpfe in der edu-factory zu schmälern oder zu vernachlässigen, dass das Internet zur Schaffung neuer, für unseren Kampf wesentlicher Formen von Commons geführt hat. Vielmehr befürchten wir, Fehler zu wiederholen, die letztlich jene isolieren, die innerhalb dieser Netzwerke arbeiten und kämpfen. Deshalb glauben wir, dass die »Anti-Globalisierungs«-Bewegung (mit all ihren Problematiken) ein großer Fortschritt war in ihrer Fähigkeit, Forderungen und Formen des Aktivismus zu formulieren, die den Kampf auf einer globalen Ebene entwerfen und die neue Formen des Internationalismus hervorbringen, der ProgrammiererInnen, KünstlerInnen und andere edu-ArbeiterInnen in einer Bewegung zusammenbringt, zu der alle ihren besonderen Beitrag leisten.

Damit diese politische »Neuzusammensetzung« allerdings möglich wird, müssen wir den Fortbestand unseres Kampfs auch im Hinblick auf die Verschiedenheit unserer Verortung innerhalb der internationalen Arbeitsteilung betrachten und unsere Forderungen und Strategien entsprechend dieser Differenzen und der Notwendigkeit ihrer Überwindung formulieren. Die Annahme, dass eine Neuzusammensetzung der ArbeiterInnenschaft bereits stattfindet, weil Arbeit – durch einen Prozess, den einige als das »Gemeinsam-Werden von Arbeit« bezeichnet haben – homogenisiert wird, reicht nicht aus. Wir können das »kognitive« Netz nicht so weit auswerfen, dass beinahe jede Form der Arbeit zu »kognitiver« Arbeit wird, ohne beliebige soziale Gleichsetzungen zu erzeugen und unser Verständnis dessen, was in der aktuellen Phase des Kapitalismus das Neue an der »kognitiven Arbeit« ist, zu verwischen.

Es ist ein willkürlicher Akt, unter dem Label des Kognitiven beispielsweise die Arbeit von HausarbeiterInnen – ob migrantisch oder nicht, ob Frau/Mutter/ Schwester oder bezahlte Arbeitskraft – mit der einer ProgrammiererIn oder ComputerkünstlerIn gleichzusetzen und obendrein noch zu behaupten, der kognitive Aspekt von Hausarbeit sei etwas Neues, das der Dominanz eines neuen Typs von Kapitalismus geschuldet sei.

Sicherlich hat Hausarbeit wie jede andere reproduktive Arbeit eine starke kognitive Komponente. Zu wissen, wie die Polster unter dem Körper einer kranken Person angeordnet werden müssen, ohne dass die Haut Blasen bekommt und die Knochen schmerzen, ist eine Wissenschaft und eine Kunst, die viel Aufmerksamkeit, Wissen und Experimentieren verlangt. Dasselbe gilt für die Versorgung eines Kindes und die meisten anderen Aspekte von »Hausarbeit«, wer auch immer sie ausführen mag. Doch gerade bei der Betrachtung des gewaltigen Universums von Praxen, die die reproduktive Arbeit ausmachen, vor allem wenn diese zu Hause stattfindet, erkennen wir die Grenzen der Anwendbarkeit des Typs computer-basierten, technologischen Know-hows, auf das sich der »kognitive Kapitalismus« stützt. Wir sehen, dass das für die reproduktive Arbeit notwendige Wissen sicherlich von der Benutzung des Internets profitiert (vorausgesetzt, es gibt Zeit und Geld dafür), doch es ist eine Form des Wissens, das Menschen, meist Frauen, über lange Zeit hinweg entwickelt haben – in Übereinstimmung mit, aber auch entgegen den Anforderungen der kapitalistischen Arbeitsorganisation. Dem sollten wir hinzufügen, dass nichts dadurch gewonnen wird, Hausarbeit dem neuen Bereich kognitiver Arbeit zuzuordnen, indem wir sie als »affektive«, als »immaterielle« oder als »Sorgearbeit« (*care work*) definieren, wie das vielfach getan wurde.

Zunächst sollten wir Formeln vermeiden, die eine Trennung von Körper und Geist oder Vernunft und Gefühl in jedweder Form von Arbeit und deren Produkten implizieren und uns fragen, ob das Ersetzen des Begriffs »reproduktive Arbeit«, wie er in der Frauenbewegung verwendet wird, durch jenen der »affektiven Arbeit« wirklich dazu dient, die Arbeit einer HausarbeiterIn (ob MigrantIn oder nicht, ob Ehefrau/Schwester/Mutter oder bezahlte Arbeitskraft) oder einer SexarbeiterIn der einer ProgrammiererIn oder NetzkünstlerIn unter dem Label des Kognitiven vergleichbar zu machen? Was ist ihrer Arbeit wirklich »gemeinsam«, wenn man die komplexen sozialen Beziehungen, die ihre verschiedenen Arbeitsweisen ausmachen, in Betracht zieht? Wo liegen beispielsweise die Gemeinsamkeiten zwischen einem männlichen Programmierer, Künstler oder Lehrer und einer weiblichen Hausarbeiterin, die zusätzlich zu ihrer bezahlten Arbeit auch viele Stunden unbezahlter Arbeit für die Versorgung ihrer Familie leisten muss?

Am allerwichtigsten ist: Wenn die mit der Reproduktion des Menschen befasste Arbeit – noch immer ein immenser Teil der Arbeit, die in der kapitalistischen Gesellschaft aufgewendet wird – in dem Sinn »kognitiv« ist, als sie nicht Dinge, sondern »Seinszustände« produziert, was ist dann neu an »kognitiver Arbeit«? Und ebenso wesentlich ist: Was wird gewonnen durch die – wenn auch nur tendenzielle – – Gleichsetzung aller Formen von Arbeit unter einem Label, außer dass einige Arten von Arbeit und die durch sie verursachten politischen Problematiken verschwinden? Verabsäumen wir es in der Aussage, dass Hausarbeit »kognitive Arbeit« ist, nicht wieder, die Frage der Entwertung von Hausarbeit, ihren weitgehenden Status der Unbezahltheit, die auf ihr aufbauenden Geschlechterhierarchien und damit das Lohnverhältnis anzugehen?

FÜR EINE POLITISCHE NEUZUSAMMENSETZUNG DER ARBEITERINNENSCHAFT

Sollten wir nicht vielmehr fragen, durch welche Organisationsform HausarbeiterInnen und ProgrammiererInnen zusammenkommen können, statt davon auszugehen, dass wir alle im *mare magnum* der »kognitiven Arbeit« vereint sind? Von der reproduktiven Arbeit auszugehen dient auch dazu, die vorherrschende Annahme in Frage zu stellen, dass die Kognitivierung der Arbeit – im Sinne ihrer Computerisierung und Reorganisation durch das Internet – einen emanzipatorischen Effekt habe. Umfangreiche feministische Literatur hat die Vorstellung widerlegt, die Industrialisierung vieler Aspekte der Hausarbeit hätte die von Frauen dafür

aufgewendete Zeit reduziert. Vielmehr haben zahlreiche Studien gezeigt, dass die Industrialisierung die
Bandbreite dessen, was als sozial notwendige Hausarbeit betrachtet wird, erweitert hat. Dasselbe gilt für
das Vordringen von Wissenschaft und Technologie in
die Hausarbeit, Kinderbetreuung und Sexarbeit. Zum
Beispiel kann die Verbreitung von PCs für jene HausarbeiterInnen, die sich einen Computer leisten können
und über die Zeit verfügen ihn zu benutzen, hilfreich
sein, um die Isolation und Monotonie der Hausarbeit
durch Chat-Rooms und soziale Netzwerke zu mildern.
Doch vermindert die Herstellung virtueller Communities weder das zunehmende Problem von Einsamkeit,
noch hilft sie im Kampf gegen die Zerstörung gesell-
schaftlicher Beziehungen und die Ausbreitung abge-
schlossener Welten.

Abschließend möchten wir sagen, dass Begriffe wie
»kognitive Arbeit« und »kognitiver Kapitalismus« mit
dem Verständnis verwendet werden sollten, dass sie
nur einen, wenn auch einen maßgeblichen Teil der kapitalistischen Entwicklung darstellen und dass es verschiedene Formen von Wissen und kognitiver Arbeit
gibt, die nicht unter einem Etikett nivelliert werden
können. Solange das nicht der Fall ist, geht der eigentliche Nutzen solcher Konzepte für die Diagnose dessen
verloren, was neu an der kapitalistischen Akkumulation und den Kämpfen dagegen ist. Was ebenso unter-
geht, ist die Tatsache, dass – weit entfernt von einer
Vergemeinschaftung von Arbeit – jede neue Wendung
in der Entwicklung des Kapitalismus dazu tendiert, die
Spaltungen innerhalb des Weltproletariats zu vertiefen

und dass, solange diese Spaltungen existieren, sie dazu benutzt werden können, das Kapital auf einer anderen Basis zu reorganisieren und den Boden, auf dem Bewegungen gewachsen sind, zu zerstören.

Aus dem Englischen von Therese Kaufmann

Gibt es einen kognitiven Kapitalismus?

Elemente eines Bruchs

Antonella Corsani

Die industrieökonomische Forschung hat einen wichtigen Beitrag zum Verständnis der dominanten Rolle
der Externalitäten geleistet, die diese mittlerweile im
ökonomischen Prozess spielen.[1] Diese Rolle stellt nicht
einfach nur die Legitimität der Bezugnahme auf den
Begriff des »Gleichgewichts« in Frage.[2] In einem viel
grundlegenderen Sinn scheint sie eine »Entgrenzung«
zum Ausdruck zu bringen, und zwar hinsichtlich der
Orte, an denen die politische Ökonomie die Produktion
und Zirkulation der Reichtümer ansiedelt. Anders ausgedrückt: Die Externalitäten stehen, indem sie zu einer
dominanten Größe werden, nicht bloß für das Versa-
gen des Marktes, die Intensivierung der Transaktionen
und das sowohl quantitative als auch qualitative Anwachsen der wechselseitigen Abhängigkeiten im wirtschaftlichen Geschehen. Wenn die Grenzen zwischen
dem Markt und seinem Außen bzw. dem Betrieb und
seinem Außen zerfließen, dann ist das letztlich darauf

---

1   Vgl. Yann Moulier-Boutang: »La revanche des externalités«,
in: *Futur Antérieur*, Nr. 39/40, 1997, S. 85-116.
2   Michel Aglietta: *Régulation et crises du capitalisme*, Paris:
Odile Jacob 1996.

zurückzuführen, dass sich die Produktion der Reichtümer zusehends an anderen Orten abspielt als in der Firma und der Markt nicht mehr repräsentativ ist für den Austausch der produzierten Reichtümer.

Der Übergang vom Fordismus zum Postfordismus kann tatsächlich als Übergang von einer Logik der Reproduktion zu einer Logik der Innovation interpretiert werden, von einem Regime der Wiederholung zu einem Regime der Erfindung. Unsere Arbeitshypothese lautet demnach, dass die in Gang befindlichen Transformationen keine Wandlungen darstellen, die sich innerhalb ein und desselben Paradigmas, nämlich des Industriekapitalismus, vollziehen. Sie machen vielmehr deutlich, dass es sich um den Übergang vom Industriekapitalismus zu etwas handelt, was wir als »kognitiven Kapitalismus« bezeichnen könnten.[3] Daraus folgt, dass sich die Fragestellungen nicht so sehr um das Aufkommen einer Ökonomie des Wissens drehen. Der Wandel ist viel tiefgehender und wirkt sich auf die Art und Weise aus, wie Kapital Wert schafft. Wie Bernard Paulré hervorhebt, können wir auf sehr verkürzte und schematische Weise zwei historische Phasen des jüngeren Kapitalismus einander gegenüberstellen: »In einer war die Wertschöpfung durch die Produktion homogener und reproduzierbarer Güter gekennzeichnet, während in der historisch neuen Phase die Wertschöpfung durch Veränderung und Innovation geprägt ist ... In einer postfordistischen und kognitiven Gesellschaft

---

3   Vgl auch Antonella Corsani: »Capital, connaissance et vie dans le capitalisme cognitif«, in: *European Journal of Economic and Social Systems*, Nr. 1, 2007, S. 81-99.

ist es die Innovation, die zum wesentlichen Faktor der Wertschöpfung wird.«[4]

Um diesen Paradigmenwechsel zu verstehen, gilt es, wie Maurizio Lazzarato[5] über eine Neuinterpretation des Werks von Gabriel Tarde ausführt, als Bezugspunkt nicht mehr die Nadelfabrik anzunehmen, sondern die Buchproduktion. Ich füge dem hinzu, dass es darum geht, die Buchproduktion nicht mehr aus der Perspektive der Nadelfabrik zu betrachten. Wir müssen aufhören, die Produktion von Wissen in das gedankliche Modell der Warenproduktion zu zwängen.

Aus dieser theoretischen Perspektive betrachtet, verweist die Dominanz der Externalitäten darauf, dass das für die Geschichte des Industriekapitalismus typische Verhältnis zwischen der Sphäre der Warenproduktion und der Sphäre der Wissensproduktion überholt ist. Die Externalitäten sind nichts anderes als der Reichtum, den eine durch Knappheit geprägte Welt und eine homogene, repetitive Arbeit nicht schaffen können.

Ausgehend davon können die Externalitäten in Bezug auf das System der Produktion und des Austauschs von Waren nur noch als »Internalitäten« verstanden werden, und zwar in Bezug auf die Sphäre der Produktion von Kenntnissen, deren Natur, Tausch- und Wertschöpfungsformen es neu zu bestimmen gilt.

---

4   Bernard Paulré: »De la 'New Economy' au capitalisme cognitif«, in: *Multitudes,* Nr. 2, 2000, S. 25-33, hier S. 37.

5   Vgl. Maurizio Lazzarato: »Europäische Kulturtradition und neue Formen von Wissensproduktion und Zirkulation«, in: *Thesis,* Nr. 3, 1999, S. 11-24.

Sie stellen also nur aus der Sicht der Wirtschaftswissenschaften in ihrer bisherigen Verfasstheit »Externalitäten« dar. Ihr dominanter Charakter enthüllt somit die Krise der Kategorien und Interpretationsschemata, die die politische Ökonomie entwickelt hat.[6]

1. VON DER *PRODUKTION VON WAREN DURCH WAREN* ZUR *PRODUKTION VON WISSEN DURCH WISSEN*

In der fordistischen Phase gab es natürlich auch Innovation, jedoch als Ausnahme, da die Wertschöpfung im Wesentlichen auf der effizienten Gestaltung der Zeit aufbaute, die zur Reproduktion von standardisierten, mittels mechanischer Technologien hergestellten Waren nötig war. Die in Frage stehende Zeit war eine Zeit ohne Gedächtnis, wenn man einmal vom körperlichen Gedächtnis der Gesten und einer statischen Kooperation absieht, die sich aus der technisch vorgegebenen Arbeitsteilung ergaben und durch die Codes der wissenschaftlichen Arbeitsorganisation bestimmt waren. Im Postfordismus wird jene Ausnahme, die die Innovation darstellte, zur Regel. Die Wertschöpfung baut nunmehr auf dem Wissen auf, auf der zu dessen Herstellung, Verbreitung und Vergesellschaftung erforderlichen Zeit. Die Vergesellschaftung wird durch die Informations- und Kommunikationstechnologien

---

6   Vgl. Antonella Corsani: »Vers un renouveau de l'économie politique«, in: *Multitudes,* Nr. 2, 2000, S. 15-25.

ermöglicht, die selbst nicht mechanisch sind, sondern kognitive und relationale Technologien darstellen.[7] Einer repetitiven Zeit ohne Gedächtnis wird eine Zeit der Erfindung entgegengesetzt, eine Zeit der kontinu- ierlichen Erschaffung des Neuen.[8]

Wie fasst die Wirtschaftswissenschaft nun das Faktum der Innovation auf? Die Standardtheorie ging davon aus, dass die Innovation eine Gegebenheit dar- stellt, ein dem Ökonomischen äußerliches Faktum. Die Analyse des Innovationsprozesses löst sich in die Analyse des (linearen) Prozesses der Verbreitung einer Produktion, die dem ökonomischen Feld äußerlich ist, in eben diesem Feld auf. Der evolutionistische Ansatz hingegen begreift die Innovation nicht als eine Gege- benheit, sondern als nicht-linearen Prozess, der durch zahlreiche *Feed-backs* genährt wird und eine Man- nigfaltigkeit an AkteurInnen einschließt. In diesem Sinne ist der Innovationsprozess dem ökonomischen Geschehen endogen. Die Innovation kann daher als Prozess der Produktion von Wissen durch Wissen kon- zipiert werden. Der evolutionistische Ansatz betrach- tet diesen Prozess letztlich als einen, der sich mit dem Produktionsprozess vermischt. Insofern besteht eine grundlegende wechselseitige Abhängigkeit zwischen dem Produktionsprozess und dem Innovationsprozess

---

7   Vgl. Pascal Jollivet: »Les NTIC et l'affirmation du travail coo- pératif réticulaire«, in: Christian Azaïs, Antonella Corsani, Patrick Dieuaide (Hg.): *Vers un capitalisme cognitif. Entre mutations du travail et territoires*, Paris: L'Harmattan 2001, S. 45-63.
8   Vgl. Henri Bergson: *Schöpferische Entwicklung*, Zürich: Coron 1970.

(als technologischem Schaffensprozess und in diesem
Sinn als Prozess der Schaffung von neuem Wissen), wie
Lundvall klar hervorhebt: »On the one hand, learning
taking place in production – as learning by doing or
as learning by using – forms an important input into
the process of innovation. Learning by interacting will,
typically, take place between parties, linked together
by flows of goods and services originating from production (this is prerequisite for user-producer relation-
ships to become enduring and selective). On the other
hand, the process of innovation might be the single
most important factor restructuring the system of production, introducing new sectors, breaking down old,
and establishing new, linkages in the system of production.«[9]

Der Prozess der Verbreitung ist demnach ein kreativer Prozess, weil gerade innerhalb dieses Prozesses
das innovative technische Objekt definiert wird. Ausgangspunkt des Prozesses ist das technologische Paradigma, d.h. eine bestimmte Menge von Frageschemata
bezüglich der Probleme, die es zu lösen gilt, sowie eine
Menge an wissenschaftlichen Prinzipien und Technologien.[10] Das Paradigma ist vorgegeben, und inner-

---

9   Bengt-Åke Lundvall: »Innovation as an Interactive Process:
From User-Producer Interaction to the National System of Innovation«, in: Giovanni Dosi u.a. (Hg.): *Technical Change and Economic Theory,* London, New York: Pinter Publisher 1988, S 349-
369, hier S. 363; siehe auch ders.: »Spatial division of labour and
interactive learning«, in: *Revue d'Economie Regionale et Urbaine,*
Nr. 3, 1999, S. 469-488.

10 Vgl. Giovanni Dosi: *Technical Change in Industrial Transformation*, Basingstoke: MacMillan 1984.

halb dieses Paradigmas verlaufen die technologischen Entwicklungsbahnen, die Wege des technischen Fortschritts. Allerdings bleibt eine gewisse Anzahl an theoretischen Fragestellungen ungelöst:

1. Welche Vorstellung vom Produktionsprozess liegt dieser Sicht auf den Innovationsprozess zugrunde? Anders gefragt: Eignet sich die Vorstellung, die der evolutionistische Ansatz vom Produktionsprozess entwickelt, um von der auf Innovation basierenden Produktion im Postfordismus Rechenschaft abzulegen? Noch grundsätzlicher gefragt, wer sind die Subjekte der Innovation als Tätigkeit, welche Theorie des kreativen Subjekts kann eine Analyse des Faktums der Innovation begründen?

2. Können wir davon ausgehen, dass die heute in Frage stehende Innovation einzig und allein auf die technologische Innovation reduzierbar ist? Ohne Anspruch darauf, diese Fragen erschöpfend zu behandeln, wollen wir in diesem Zusammenhang einige Analyserichtungen skizzieren, die es uns erlauben sollten, auf diesem Forschungsgebiet voranzukommen. Wir nehmen also den evolutionistischen Ansatz auf, wenden uns jedoch auch kritisch gegen einige Beschränkungen, die diesen Ansatz unserer Ansicht nach kennzeichnen.

Der evolutionistische Ansatz des technischen Wandels stellt gewiss eine fundamentale Erneuerung innerhalb des Bereichs der Ökonomie der Innovation dar. Da dieser Ansatz jedoch durch eine im Wesentlichen kognitivistische Sicht auf die Innovation und in noch stärkerem Ausmaß auf das Paradigma geprägt ist, gelingt es ihm auf theoretischer Ebene nicht, den Paradigmenwechsel zu erfassen. Der evolutionistische Ansatz

ist noch gefangen in einem althergebrachten Paradigma, das er von der Nadelfabrik übernommen hat,
die einem System der Produktion von Waren durch
Waren Gestalt verlieh, dessen Kennzeichen die Knappheit der Ressourcen bzw. sinkende Erträge waren. Er
analysiert die Innovation und ihren Entwicklungs-
prozess im Postfordismus unter der Annahme, dass
die tayloristisch-fordistischen Produktionsmodi noch
immer vorherrschend sind und setzt voraus, dass es
sich beim »Paradigma der Bearbeitung der Materie
durch Energieumwandlung«[11] um eine historische In-
variante handele.

Amendola und Gaffard haben argumentiert, dass
der evolutionistische Ansatz zwar imstande ist, die
Umstände der Entwicklung einer Technologie innerhalb eines gegebenen Paradigmas zu erklären, es ihm
aber nicht gelinge, einen bedeutenderen qualitativen
Wandel zu beschreiben, der den Übergang zu einem
neuen Paradigma darstellt.[12] Der traditionelle Ansatz
führt den Prozess der Innovation auf eine einfache
»Anpassung« zurück: Die allgemeinen Ressourcen
sind gegeben, und die Betrachtungsweise konzentriert
sich auf den quantitativen Aspekt der Anpassung. Der
alternative (evolutionistische) Ansatz unterscheidet
sich davon noch immer nicht wesentlich: »Dass sich
die technologischen Entwicklungspfade in verschie-

---

11 Yann Moulier-Boutang: »La troisième transition du capitalisme: exode du travail productif et externalités«, in: Azaïs u.a.,
Vers un capitalisme cognitif, S. 135-152, hier S. 137.
12 Vgl. Mario Amendola, Jean-Luc Gaffard: *La dynamique de
l'innovation*, Paris: Economica 1998.

denen Kontexten unterschiedlich gestalten, ändert nichts am Umstand, dass diese nach wie vor in der Entwicklung von *vor*gegebenen technologischen Inhalten bestehen.«[13] Somit bleibt der qualitative Wandel, der die Durchsetzung eines neuen Paradigmas bildet, eine exogene Gegebenheit. Darüber hinaus scheint es dem Evolutionismus wegen seiner grundlegenden, impliziten Vorstellung vom Produktionsprozess nicht möglich, sich auf theoretischer Ebene von der Welt der Knappheit und des Fluchs der sinkenden Erträge zu verabschieden: »Der Prozess der Ersetzung alter Technologien durch neue und die induzierten Innovationen können der Verknappung der (spezifischen oder generischen) Ressourcen, die mit der Fortbewegung entlang der Entwicklungsbahn auftauchen, nicht auf unbegrenzte Zeit entgegenwirken. [...] Bestimmte technologische Gründe sowie ökonomische Faktoren tragen dazu bei, dass das Absinken der Erträge sich umso deutlicher bemerkbar macht, je weiter man sich entlang eines einmal eingeschlagenen Innovationswegs bewegt.«[14] Dies bringt die Forschung in eine unvorteilhafte Lage, da es ja darum geht, die Dynamiken der Innovation nicht mehr innerhalb eines Systems der Produktion von Waren durch Waren zu studieren, sondern mit Bezug auf ein System der Produktion von Wissen durch Wissen, wie wir im Folgenden zu zeigen versuchen.

Wir können davon ausgehen, dass die evolutionistische Analyse der Innovation deshalb an gewisse

---

13 Ebd., S. 14.
14 Ebd.

Grenzen stößt, weil sie sich nicht oder nicht in ausreichendem Maße von einer traditionellen Sicht des Produktionsprozesses und des Faktums der Innovation abgrenzt. Diese Sicht kann entlang dreier Achsen studiert und kritisiert werden: entlang des im Innovationsprozess angelegten Wesens der Arbeit, des Statuts der Nachfrage und schließlich entlang der Vergegenständlichung des durch den Innovationsprozess entstandenen Wissens.

1.1 VON DER ARBEITSKRAFT ALS SPEZIFISCHER RESSOURCE ZUR LEBENDIGEN ARBEIT ALS KOOPERATION UND KREATION

In den Theorien der Innovation und auch im evolutionistischen Ansatz wird die Frage der Arbeit nie explizit angegangen. Implizit wird die Arbeit weiterhin als eine generische, in beschränkten Mengen verfügbare Ressource betrachtet. Während Arbeit innerhalb eines Systems der standardisierten Reproduktion von Waren als einfache Arbeit, als homogene Arbeitskraft fungiert, kann dies in einem System der Produktion von Wissen, von stets Neuem, nicht mehr der Fall sein. In einem solchen System kann die Wertschöpfung nicht auf einer objektiven Zeit der Wiederholung (und einer Ökonomie dieser Zeit) beruhen, sondern sie muss auf der subjektiven (und intersubjektiven) Zeit des Schaffens aufbauen.

Nun liefern einerseits die Analysen, die sich mit spezifischen Kompetenzen beschäftigen, und andererseits die Analysen von Lernprozessen wichtige Elemente, um das neue Wesen der Arbeitskraft zu bestimmen. Ein grundlegender Schritt ist dabei noch zu vollziehen: Es geht darum, zu einem Begriff von Arbeit zu gelangen, der der Spezifität des Subjekts der kreativen Tätigkeit gerecht wird. In der Tat zielt die gesamte Theorie der Innovation als Theorie der Produktion von Wissen darauf ab, die Spezifität des Wissens und die Spezifität der in dessen Herstellung implizierten Ressourcen zu ergründen. Die Spezifität der produzierenden Subjekte hingegen wird weiterhin außerhalb des Analysefelds angesiedelt. Die Hypothese eines kognitiven Kapitalismus aufzustellen hat jedoch nur Sinn, wenn man diese doppelte Spezifität in die Analyse einbezieht, also sowohl jene des Wissens als auch jene des Subjekts, das dieses Wissen produziert.

Einige Elemente der Reflexion über die Metamorphose des Wesens der Arbeit im Postfordismus erlauben es uns unter Umständen, in dieser Richtung voranzukommen. Wir erinnern hier auf sehr schematische Weise bloß an zwei Wesenszüge der Arbeit im Postfordismus.[15] Der erste ergibt sich aus dem Verhältnis

---

15 Zu einer vertiefenden Analyse der Arbeit im Postfordismus vgl. Maurizio Lazzarato, Antonio Negri: »Travail immateriel et subjectivité«, in: *Futur Antérieur*, Nr. 6, 1991, S. 86-99; Antonella Corsani, Maurizio Lazzarato, Antonio Negri: *Le bassin de travail immatériel dans la métropole parisienne*, Paris: L'Harmattan 1996; Maurizio Lazzarato, Muriel Combes, Bernard Aspe: »Le travail: un nouveau débat pour des vieilles alternatives«, in: *Multitudes,* September 2004, http://multitudes.samizdat.net/Le-travail-un-nouveau-debat-pour, (ursprünglich erschienen in *Futur Antérieur*, Nr. 35/36, 1996).

Mensch-Maschine und der Art und Weise, wie sich dieses Verhältnis entwickelt hat, der zweite betrifft die Formen der Zusammenarbeit.

Die Spezifität der mechanischen Technologien – und der Formen der Arbeitsteilung und -organisation, die deren Einsatz kennzeichneten – beruht auf der Spezialisierung der Maschine und insofern auf der Heterogenität der Maschinen, die einer homogenen Arbeit entgegengesetzt ist. Die Arbeit selbst erscheint als einfache Verausgabung von Energie, als Muskelanstrengung. Die Maschine ist – wie bereits erwähnt – spezialisiert, ihre Funktion und ihre Verwendung sind durch die Natur des Wissens vorbestimmt, die in ihrer Herstellung vergegenständlicht ist. Gegenüber der Maschine ist die Arbeit, da sie vom Wissen getrennt ist, aller Besonderheit und Einzigartigkeit entledigt. Wollte man die Marx'sche Begrifflichkeit verwenden, könnte man sagen, dass die Maschine als geronnenes Wissen, als tote Arbeit, der lebendigen Arbeit ihre Funktionsweise aufzwingt. Aus diesem Blickwinkel betrachtet haben der Taylorismus und der Fordismus die bereits im frühen Industriekapitalismus angelegte Trennung und Umkehrung des Verhältnisses von Arbeit und Wissen noch weiter vertieft. Diese Trennung hatte in der Nadelfabrik ihren paradigmatischen Ursprung.

Die neuen Informations- und Kommunikationstechnologien (IKT) stellen in der Tat einen Bruch in der Geschichte der Technik dar, insofern sie – das ist das historisch Neue – auf der Trennung zwischen der Maschine (Hardware) und ihrem Programm (Software) basieren. Diese noch nicht dagewesene Formbarkeit, deren Einsatz die Funktionsweise tiefgehend verändert, eröffnet die Perspektive einer Umkehr des Verhältnisses von Mensch und Maschine: Die »Meta-Maschine« legt jede Spezialisierung ab und wird homogen (wobei ihre untereinander verbundenen Komponenten heterogen bleiben: Netzwerke, angeschlossene Geräte usw.); die Arbeit hingegen wird zum Schaffen von Anwendungen: »Der in ein Netzwerk integrierte PC hat als Meta-Maschine keine im Vorhinein bestimmte Funktion, er ist nichts anderes als ein leerer Behälter [...]. Die Meta-Maschine hat keine Funktion mehr als die, Nutzwert an sich zu sein. Ihre konkrete Funktion und ihr bestimmter Nutzen ergeben sich einzig aus der Art ihres Einsatzes.«[16]

Als kognitive und relationale »Assistentinnen«[17] implizieren die IKT Arbeit, die aus der Schaffung von neuen Anwendungen sowie der Produktion mittels bereits geschaffener Anwendungen besteht. In der Produktion als kreativer Produktion ist kein homogenes und abstraktes Arbeitsvermögen mehr angelegt, sondern ein heterogenes, subjektives Vermögen, sich Wissen anzueignen, es zu vermehren und in Werte zu verwandeln, das abstrakte mit dem impliziten Wissen zu verbinden und kodifiziertes Wissen in andere Zusammenhänge zu überführen. In diesem Sinn gestalten die IKT die Produktion, Zirkulation und Akkumulation von Wissen auf potenziell globaler Ebene und

---

16 Jollivet, »Les NTIC«, in: Azaïs u.a., *Vers un capitalisme cognitif*, a.a.O., S. 45-63, hier S. 47f.
17 Pascal Jollivet: *La rupture paradigmatique des NTIC et l'émergence de la figure de l'utilisateur comme innovateur,* Thèse de Doctorat, Matisse-Paris 1, 2000.

ohne Grenzen, da es keine zeitlichen und räumlichen Beschränkungen mehr gibt. Die Performance des technischen Geräts hängt von der Intelligenz, der Kreativität und Erfindungskraft der lebendigen Arbeit ab, die als unmittelbar kooperativ erscheint.

Im Smith-Taylorschen Universum ist, wie Veltz betont, »die Kooperation passiv und statisch. Sie wird durch die sequenzielle Aneinanderreihung elementarer Aufgaben und Funktionen gewährleistet. [...] Die dynamische Kooperation, die auf der horizontalen, nicht programmierten horizontalen Kommunikation gründet, hat in diesem Universum keinen Sinn.«[18] In einer Welt, die vom Unvorhersehbaren und der Ungewissheit beherrscht wird und in der die Verflechtung zwischen Produktions- und Innovationsprozess dermaßen stark ausgeprägt ist, ist eine solche passive Art der Kooperation unmöglich, führt Veltz weiter aus. Das Smith'sche Universum ist demnach nicht mit den horizontalen und dynamischen Formen der Kooperation vereinbar, da diese eine vielgestaltige Arbeit und eine nicht programmierbare Fähigkeit, zu agieren und zu interagieren, voraussetzen.

Noch grundsätzlicher formuliert: Da Wissen durch Wissen produziert wird, entfaltet sich die Kooperation nicht mehr bloß *ex-post* nach erfolgter Arbeitsteilung.

---

18 Pierre Veltz: »Hierarchies et réseaux dans l'organisation de la production et du territoire«, in: Georges Benko, Alain Lipietz (Hg.): *Les Régions qui gagnent. Districts et réseaux: les nouveaux paradigmes de la géographie économique*, Paris: PUF 1992, S. 293-314, hier S. 300; siehe auch ders.: »Territoires innovateurs: De quelle innovation parle-t-on?«, in: *Revue d'économie régionale et urbaine*, Nr. 3, 1999, S. 507-616.

Sie kann in diesem Sinn nicht mehr auf die dürftige Funktion eines Steuerungsinstruments im Kampf gegen die Ungewissheit reduziert werden. Im Gegenteil, sie ist in Bedeutung und Funktion der Aktivität des Schaffens gleichwertig.

Als relationale Technologien stellen die IKT »Assistentinnen« dieser horizontalen Kooperation dar, die sich dank der Vervielfältigung und der Verbundenheit der virtuellen Netze, die diese Technologien ermöglichen, ständig ausdehnen. Das Netz ist eine ursprüngliche, nicht auf ein Hybrid zwischen Firma und Markt reduzierbare Form, die ihrerseits der schöpferischen Kraft der sozialen Kooperation Gestalt verleiht. Diese Kooperation kann wiederum weder der Disziplin der Fabrik unterworfen werden, noch in den Grenzen des Unternehmens eingeschlossen bleiben und dessen hierarchischer Kontrolle unterstellt werden. Wie Lazzarato völlig zu Recht betont, ist das, was bei der kreativen Produktion, bei der Produktion von Wissen durch Wissen ins Spiel kommt, »die affektive Energie des Gedächtnisses«[19]. Deshalb kann eine Theorie des kognitiven Kapitalismus nicht ausschließlich ausgehend von der spezifischen Natur des »Wissens« konstruiert werden – wie das die politische Ökonomie versucht. Sie ist auf eine Theorie des kreativen Subjekts und des Gehirns als jenes spezifischen Werkzeugs angewiesen, auf dem die Produktion von Wissen basiert.

---

19 Vgl. Maurizio Lazzarato: »Travail et capital dans la production de connaissance: une lecture à travers l'œuvre de Gabriel Tarde«, in: Azaïs u.a., *Vers un capitalisme cognitif*, S. 153-172, hier S. 162.

In all den Analysen, die sich mit dem Faktum der Innovation beschäftigen, wird die Nachfrage als eine exogene Gegebenheit betrachtet, und zwar sowohl in quantitativer als auch in qualitativer Hinsicht. Dennoch haben Autoren wie Lundvall – wie wir bereits betonten – darauf hingewiesen, dass die Interaktionen zwischen HerstellerInnen und NutzerInnen als Beziehung der Ko-Produktion zu verstehen sind. Allerdings wird diese Art der Interaktion einzig mit Hinblick auf die Beziehung zwischen *HerstellerInnen und NutzerInnen von Technologien und innovativen Gütern* aufgefasst. Damit wird eine strikt technologische Sicht der Innovation aufrecht erhalten. Darüber hinaus wird die Koproduktion nicht wirklich als gemeinsame Herstellung von Wissen begriffen, sondern als einfacher Austausch von Informationen. Anders ausgedrückt: Die Koproduktion wird eigentlich mit einer technologischen und geschäftlichen Kooperation gleichgesetzt, deren Zweck es ist, die Ungewissheit zu reduzieren und die mit der Interaktion verbundene Komplexität besser in den Griff zu bekommen.

In der Analyse von Arthur nimmt die quantitative Dimension des Konsums die wichtigste Position ein.[20] Es handelt sich dabei um das Konzept der positiven Feedback-Effekte durch die Nutzung neuer Techno-

---

20 Vgl. W. Brian Arthur: »Competing Technologies, Increasing Returns and Lock-In by Historical Events«, in: *The Economic Journal,* Nr. 394, 1989, S. 116-131.

logien, das es ermöglicht, Skalenökonomien, *Learning-by-doing*-Phänomene und die Auswirkungen der Marktgröße vom originellen Standpunkt der Netzwerkexternalitäten aus zusammenzudenken. Auch wenn dieses Konzept sehr innovativ ist, bewahrt es eine sehr technische und ökonomistische Sicht auf die neuartigen Phänomene, die es zu erklären versucht, denn die IKT sind Trägerinnen eines in qualitativer Hinsicht tiefer gehenden Wandels. Da sie gleichzeitig Gegenstand des Konsums und Arbeitsgerät sind sowie über die oben analysierten Spezifitäten verfügen, beschleunigen sie den Prozess der Vergesellschaftung der Innovation, innerhalb dessen die Figur des »Nutzers als Innovators (der Nutzerin als Innovatorin)«[21] auftaucht. Als NutzerInnen sind wir alle potenzielle InnovatorInnen.[22] Arthurs Analyse verharrt innerhalb eines begrifflichen Schemas, das die Nachfrage dem Angebot und die Produktion dem Konsum als passives und destruierendes Faktum entgegensetzt. Es gelingt ihm nicht, das kreative Potenzial der NutzerInnen der neuen technischen Produkte begrifflich zu fassen. Seine

---

21 Jollivet, *La rupture paradigmatique des NTIC,* a.a.O.

22 Als der kleine Tom mich weinend um Hilfe bat, nachdem er zwei Stunden vor seinem Computer zugebracht hatte, ahnte ich noch nicht, dass der versucht hatte, zwei Programme zu kombinieren, um Einladungen für die Feier zu seinem siebten Geburtstag herzustellen. Er hatte diese ausgehend von den Optionen ersonnen, die diese zwei Programme boten. Leider blieb mir nichts anderes übrig, als ihm zu sagen, dass dies unmöglich war. Die geistigen Eigentumsrechte unterbanden den Zugang zu den Quellcodes. Sein künstlerisches Projekt war indes sehr kreativ – alles, was ihm zur Umsetzung fehlte, war freie Software!

Konzeption des Netzwerks ist bloß eine Erweiterung des Marktmodells, und zwar eines Marktes, der sich nur darin von den klassischen Märkten unterscheidet, dass seine TeilnehmerInnen über die IKT miteinander verbunden sind. Das Netzwerk, das hingegen im kognitiven Kapitalismus in Frage steht, sollte vor allem »als menschliches Netzwerk« analysiert werden. »Es kann nur durch die Schlacke des Lebens existieren, die sich in den technischen Artefakten ablagert, und zwar über die Praktiken der mannigfaltigen NutzerInnen, die sowohl Sinn als auch Leben sowie die technischen Artefakte selbst herstellen.«[23]

Eine begriffliche Alternative besteht demnach darin, die IKT nicht mehr als »'Waren wie alle anderen' zu betrachten, sondern als ein integriertes System an Leistungen und Mitteln, die dazu konzipiert wurden, im Bereich des Konsums die Realisierung einer unbestimmten Menge von Aktivitäten zu ermöglichen«.[24]

Weitere Argumente könnten dazu herangezogen werden, die Hypothese der Überwindung der Trennung von Produktion und Konsum zu stützen, auf der die gesamte politische Ökonomie gründete. Man könnte sogar von einer regelrechten Umkehr dieses Verhältnisses sprechen. Die These von Girard ist in dieser Hinsicht sehr verführerisch,[25] wir werden sie hier

---

23 Pascal Jollivet: »Le rendements croissants«, in: *Multitudes,* Nr. 2, 2000, S. 95-96, hier S. 96.
24 Patrick Dieuaide: »Nouvelles technologies, nouvelle dynamique du capitalisme«, in: Azaïs u.a., *Vers un capitalisme cognitif,* a.a.O., S. 90-112, hier S. 101.
25 Vgl. Jean-Louis Girard: »Construction urbaine et territoriale: les apports d'une lecture de la théorie des actifs appliquée au tra-

in folgenden Begriffen zusammenfassen, in der Hoffnung, das Anliegen des Autors in der gebotenen Kürze nicht verzerrt darzustellen: Wir konsumieren immer mehr Dienstleistungen, Informations- und Kommunikationstechnologien sowie Informationen, kulturelle und künstlerische Inhalte, die aufs Engste mit dem technischen Gerät verbunden sind, dessen Spezifität darauf beruht, dass es nicht von den Inhalten, die es transportiert, getrennt werden kann. Die Zeit des Konsums (von Dienstleistungen und Informations- sowie Kulturgütern) und der Muße sind demnach Zeiten des Erwerbs und der Herstellung neuen Wissens, das individuell oder kollektiv innerhalb von Netzwerken erarbeitet wird. Die mit dieser Zeit abwechselnden Zeiten der Produktion durch bezahlte Arbeit sind selbst wieder Zeiten des Konsums, und zwar aus der Sicht des Unternehmens, das die außerhalb seiner Grenzen produzierten Kenntnisse in Wertschöpfungsprozessen einsetzt. Wie Dieuaide darstellt, bewirkt eine solche Verschränkung von Arbeits- und Lebenszeiten und -räumen eine radikale Verschiebung hinsichtlich der Bedingungen der Wertschöpfung durch das Kapital, und zwar insofern, als das Kapital »sich von einer Logik der Wertschöpfung, die auf der direkten Kontrolle des Produktionsprozesses beruht, verabschiedet«.[26] Mit anderen Worten: Der Prozess der Produktion fällt nicht mehr mit dem Prozess der Wertschöpfung zusammen.

---

vail«, in: Azaïs u.a., *Vers un capitalisme cognitif*, a.a.O., S. 199-216.

26 Dieuaide, »Nouvelles technologies«, in: Azaïs u.a., *Vers un capitalisme cognitif*, a.a.O., S. 109.

Grundsätzlicher ausgedrückt, hängt diese Verschiebung damit zusammen, dass das Wissen sich nicht mehr in etwas Bestimmtem vergegenständlicht. Daher ist es im kognitiven Kapitalismus nicht mehr möglich, die Immaterialität des Wissens mit der Materialität der Waren kurzzuschließen. Es ist nicht mehr möglich, die Produktivität der Arbeit innerhalb der Grenzen ihres Verhältnisses zum Kapital zu bestimmen.

1.3 NICHT VERGEGENSTÄNDLICHTES WISSEN

Eine der größten Schranken der Theorien der Innovation besteht darin, dass sie nach wie vor Innovation als Modifikation von Gütern im Bereich der technischen Ausstattung denken. Die in diesem Prozess hergestellten Kenntnisse werden immer noch so betrachtet, als seien sie in einem bestimmten Objekt vergegenständlicht. Das Spezifische jedoch, der Wesenszug des kognitiven Kapitalismus, das, weshalb es sinnvoll ist, vom kognitiven Kapitalismus zu sprechen, lässt sich folgendermaßen beschreiben: Das Wissen ist weder in der Arbeit, noch in den Maschinen, noch in den Organisationen vergegenständlicht.[27]

Wie Rullani argumentiert, ist das Neue am kognitiven Kapitalismus nicht so sehr in der Zentralität des Wissens als Produktivkraft zu sehen (Hat nicht der Industriekapitalismus immer schon das wissen-

---

27 Vgl. Enzo Rullani: »Le capitalisme cognitif: du déjà vu?«, in: *Multitudes*, Nr. 2, 2000, S. 87-97.

schaftliche Wissen auf die Produktion angewandt?),
sondern darin, dass das Wissen nunmehr gleichzeitig
eine Ressource und ein Produkt ist, dem eine von jeder
Ressource und jedem Produkt unabhängige Existenz
zukommt.

Dank den IKT kann Wissen unabhängig vom Kapital und von der Arbeit zirkulieren. Gleichzeitig entstehen und verbreiten sich die Kenntnisse aufgrund von
Heterogenese in verschiedenen Produktions- und Nut-
zungszusammenhängen (das heißt, entlang jener Entwicklungsbahnen, die durch die Anhäufung kreativer
Beiträge vorgezeichnet werden, die über Kooperation
entstehen und weitgehend vergesellschaftet sind). Deshalb sind wir berechtigt, von Produktion von Wissen
durch Wissen zu sprechen, was die eingangs formu-
lierte Idee zum Ausdruck bringt und verdeutlicht, der
zufolge wir von einem Regime der Reproduktion zu
einem Regime der Innovation übergehen.

Wissen ist demnach nicht auf technologische Kenntnisse zurückzuführen. Das im kognitiven Kapitalismus
produzierte und in Wert umgesetzte Wissen ist eine
unauflösliche Verbindung von wissenschaftlichem,
technischem, künstlerischem, ideologischem Wissen,
und zwar aus zweierlei Gründen: Zunächst weil die
Produktion heute an Orten geschieht, die nicht mehr
diejenigen der Fabrik sind. Die Aussage: »Die Fabrik
erstreckt sich mittlerweile auf das ganze Territorium«
bedeutet nichts anderes, als dass der Raum des Lebens,
einstmals getrennt vom Raum der Arbeit, zum Labo-
ratorium des Postfordismus geworden ist und dass das
(soziale, intellektuelle, affektive) Leben selbst produktiv geworden ist. Darüber hinaus sind die IKT – wie

wir bereits betont haben –,insofern sie gleichzeitig
Konsumgegenstand und Arbeitsgerät sind, auf keine
bestimmte Verwendung festgelegt. Ihr Gebrauch wird
von den NutzerInnen selbst erfunden und gestaltet. Andererseits können die IKT nicht unabhängig von den
(kulturellen, künstlerischen, ideologischen und technischen) Inhalten und insofern von der Gesamtheit des
komplexen Wissens funktionieren, das sie transportieren. Diese Art der Zirkulation ist kreativ, da sie eine
Interaktion zwischen dem »situierten« Gedächtnis der
Maschine und dem »nicht situierten«, intellektuellen
Gedächtnis des Menschen bewirkt. »Die Vielfalt der
potenziellen Verwendungen desselben Objekts ermöglicht die Entfaltung seiner Bestimmung.«[28] Die Zirkulation des Wissens ist kreativ, weil die IKT-Maschine
die Interaktion zwischen Subjektivitäten erlaubt. »Die
Unabschließbarkeit der möglichen Interpretationen
ein und derselben formalen Botschaft befindet sich an
der Quelle der Intersubjektivität.«[29]

2. DIE IN-WERT-SETZUNG DES WISSENS IM KOGNITIVEN KAPITALISMUS

Als Erbe des rationalistischen Weltbilds der Aufklärung hat der wissenschaftliche Positivismus im 20.
Jahrhundert den »Motor« der Kapitalakkumulation

---

28 Jean-Louis Weissberg: »Travail intellectuel, réseaux numériques et présence à distance«, in: Azaïs u.a., *Vers un capitalisme
cognitif*, a.a.O., S. 29-44, hier S. 39.
29 Ebd.

als technische Beherrschbarkeit und hierarchische Organisation beschrieben und deshalb das Wissen der »Reproduzierbarkeit« zugerechnet.[30] Der »Motor« der Wissensakkumulation hingegen wurde durch das Vermögen der sozialen Kräfte freigelegt, die das Wissen der Invention und der freien Kooperation zurechneten und sich damit auf ihre Weise das Erbe der Aufklärung aneigneten. Wie unterwirft nun das Kapital die Macht einer solchen Akkumulation seinem Gesetz?

2.1 EINE WARE, DIE ANDERS IST ALS DIE ANDEREN

Wissen ist keine Ware wie alle anderen.[31] Solange es jedoch den Gesetzen der Wiederholung und der Produktion von Waren durch Waren unterworfen war, die durch die Logik der In-Wert-Setzung des Kapitals vorgegeben waren, blieb seine Spezifität hinter den Waren verborgen, in denen es sich vergegenständlichte. Befreit von jeder materiellen Basis entziehen die Kenntnisse nun jeder Werttheorie die Basis, sowohl der marxistischen als auch der neoklassischen, und werfen erneut das Problem ihrer In-Wert-Setzung auf. Aufgrund seiner Unabhängigkeit von jeglichem spezifischen Produkt kann Wissen nämlich getrennt von Kapital und Arbeit reproduziert, ausgetauscht und verwendet werden.[32]

---

30 Rullani, »Le capitalisme cognitif«, in: *Multitudes,* a.a.O., S. 88.

31 Vgl. Maurizio Lazzarato: »La multiplicité dans la dynamique économique«, in: *Multitudes,* Nr. 2, 2000, S. 113-127.

32 Vgl. Rullani, »Le capitalisme cognitif«, in: *Multitudes,* a.a.O.

Was sind die spezifischen Charakteristika, die aus dem Wissen eine Ware machen, die anders ist als die anderen? Sehr schematisch können wir zunächst festhalten, dass seine Herstellung nicht dem Gesetz der sinkenden Erträge unterworfen und Wissen *a fortiori* nicht knapp ist. Versuchen wir nun, seine Spezifitäten im Einzelnen zu benennen. Um dies zu bewerkstelligen, fangen wir beim »Konsum« von Wissen an. Dieser ist seinem Wesen nach nicht destruierend. Das heißt, der Einsatz von Wissen bedeutet nicht, dass sein Nutzen sich in der Verwendung erschöpft, bzw. dass sich darüber ein Verschleiß einstellt. Im Gegenteil: Der Gebrauch von Wissen ist eine kreative Tätigkeit, denn Wissen, das verwendet wird, entwickelt sich über den subjektiven Gebrauch, den es erfährt, weiter. Was den Austausch von Wissen betrifft, so ist dieser weder mit einem Verlust noch mit einem Opfer verbunden. In diesem Sinn ist der Ausdruck »Wissensaustausch« bloß metaphorisch zu verstehen,[33] denn diejenige, die Wissen hergibt, geht dessen nicht wirklich verlustig.

Wissen hat einen Gebrauchswert, doch dieser ist nicht im Vorhinein gegeben. Es selbst ist Gegenstand der Produktion eines Systems von Wissens-Werten. Infolgedessen bestimmt sich der Gebrauchswert innerhalb eines Systems der Produktion, der Verbreitung und Vergesellschaftung des Wissens. Darüber hinaus haben Kenntnisse keinen Wert, wenn sie nicht »ausgetauscht«, also nicht verbreitet werden, was bedeutet, dass die Verbreitung des Wissens – beinahe vollständig

---

33 Lazzarato, »Travail et capital dans la production de connaissance«, in: Azaïs u.a., *Vers un capitalisme cognitif*, a.a.O.

– mit seiner Vergesellschaftung zusammenfällt. Folglich verliert Wissen für seine anfängliche BesitzerIn sehr schnell an Wert. Die Reproduktionskosten für Wissen sind sehr gering, sie gehen sogar gegen null.[34] Die Grenzkosten für die Produktion nehmen aufgrund der Tatsache ab, dass Kenntnisse in verschiedenster Weise aufeinander aufbauen und kombiniert werden können. Gleichzeitig variieren diese Kosten je nach Kontext sehr stark und sind mit großer Ungewissheit behaftet. In diesem Sinn sind die Kosten für die Produktion von Wissen den Unwägbarkeiten und der Ungewissheit ausgesetzt, die auf dem Innovationsprozess lasten, insofern hier neue Kenntnisse produziert werden, aber auch hinsichtlich der Ungewissheit, ob dieses Wissen tatsächlich sozial anerkannt wird.

Viele der spezifischen Charakteristika von Wissen wie die Unteilbarkeit, die Unmöglichkeit der exklusiven Aneignung und die Ungewissheit wurden schon von Arrow beschrieben, doch ihre Tragweite erhöht sich aufgrund der Entmaterialisierung und Virtualisierung des Wissens. Diese bewirken, dass die In-Wert-Setzung des Wissens nach anderen Gesetzen funktioniert als denjenigen, die die In-Wert-Setzung von Waren begründen: »Diese Gesetze unterscheiden sich zutiefst von denen, die das liberale oder marxistische Denken in ihren jeweiligen Werttheorien entwickelt haben. Infolgedessen funktioniert der kognitive Kapitalismus anders als der Kapitalismus im Allgemeinen.«[35]

---

34 Vgl. Rullani, »Le capitalisme cognitif«, in: *Multitudes*, a.a.O.
35 Ebd., S. 87.

In einer Welt der Herstellung von Waren durch Waren, in der Wissen sich immer in etwas Bestimmtem vergegenständlicht, stellt die rechtliche Verfügung über geistiges Eigentum (Patente, Lizenzen) ein wichtiges Transportmittel der Verbreitung und – zeitlich begrenzten – Vergesellschaftung von Kenntnissen dar. Gäbe es diese Rechte nicht, so wäre der Prozess der Wissensverbreitung viel langwieriger und teurer (man denke an die Zeit und die Kosten, die mit dem Re-Engineering verbunden sind).

In einer Welt der Produktion von Wissen durch Wissen ist dies nicht mehr so. Entmaterialisiertes Wissen hat außerhalb des Austauschs, d.h. seiner Verbreitung, überhaupt keinen Wert. Aufgrund der sehr niedrigen, gegen Null tendierenden Reproduktionskosten verschmelzen der Prozess der Verbreitung und derjenige der Vergesellschaftung schnell. Die geistigen Eigentumsrechte stellen also für den Besitzer einer Kenntnis sicher, dass sich der Prozess der Vergesellschaftung »verlangsamt«. Dennoch reichern sich – wie wir betont haben – die entmaterialisierten Kenntnisse über den gesamten Prozess der Verbreitung/Vergesellschaftung permanent mit kreativen Beiträgen an. Und ebendieser Prozess sorgt für eine Dynamik des Anwachsens der Reichtümer. Infolgedessen führen die geistigen Eigentumsrechte ein Prinzip der Knappheit in eine mögliche Welt ein, in der eigentlich das Prinzip der Nicht-Knappheit herrscht. Sie verweisen das Wissen wieder auf den Rang einer Ware wie alle anderen. Diese Rechte können unter Umständen – als Recht auf die Produktion einer negativen Externalität – dadurch gerechtfertigt werden, dass die jeweilige ProduzentIn das Risiko des ungewissen Ausgangs und die Kosten auf sich genommen hat, die mit dem Innovationsprozess verbunden sind.

Da aber diese Wissen schaffende Tätigkeit selten auf die Anstrengung eines Einzelnen zurückzuführen ist, sondern das Produkt einer wachsenden Vergesellschaftung der Produktion insgesamt darstellt, muss das Unternehmen an jene Wertschöpfungsprozesse herankommen, die von nicht zu ihm gehörigen Netzwerken ausgehen. Der Erwerb von Lizenzen bei kleinen ProduzentInnen, KleinunternehmerInnen oder Selbständigen, die in verschiedene Kooperationsnetzwerke eingebunden sind, stellt demnach ein Mittel zur Abschöpfung von Wissen seitens eines Kapitals dar, das in immer höherem Maße deterritorialisiert ist. Gleichzeitig erhält das Kapital dadurch die Möglichkeit, von einer Rente im strengen Sinn zu profitieren, da ja Entwicklungsrisiken und -kosten auf die kleinen ProduzentInnen ausgelagert werden. Die Rente wird durch eine Tätigkeit gewährleistet, die wenig »Mehr-Arbeit« verursacht, umgekehrt aber eine hohe Wertschöpfung einbringt: die einfache »Reproduktion« von Wissen, das anderswo produziert wurde und das dann auf globaler Ebene verbreitet wird. In diesem Sinn würde man den Output, also die Performance von »innovativen Regionen« nicht erklären können, ohne das Ausmaß der kollektiven Investitionen in die Infrastruktur von Bildung und Forschung in die Rechnung einzubeziehen. Ein gutes Beispiel dafür ist der Wirtschaftscluster um Toulouse. Wenn also einerseits die Kosten für die Reproduktion des entmaterialisierten Wissens sehr niedrig sind, so gehen andererseits die Kosten für die Herstellung und Reproduktion der Existenzbedingungen des kreativen und erfinderischen Vermögens der lebendigen Arbeit, also einer immer umfassenderen und komplexeren Gesamtheit an menschlichen Tätigkeiten, gegen unendlich. Und diese Kosten sind weitestgehend vergesellschaftet. In diesem Sinn gelten die geistigen Eigentumsrechte nicht negative Externalitäten ab, sondern sie schöpfen positive Externalitäten ab. In noch stärkerem Ausmaß bilden diese Rechte der Aneignung und der Kontrolle des Zugangs zu den Netzwerken und dem Wissen letztlich ein machtvolles Mittel, um die Hierarchien der Werte und die damit verbundenen Ausschlüsse zu bestimmen.

Die Zugangsrechte zu den Netzwerken und zum Wissen sind demnach als neue *Enclosures* zu betrachten. Sie unterteilen, umzäunen und privatisieren einen virtuell globalen Raum der Produktion und Zirkulation von Wissen. Sie setzen Territorien zueinander in Konkurrenz und produzieren dadurch Regionalismen und Lokalismen, was zu einer wahren Balkanisierung der Welt führt.

Aus dem Französischen von Klaus Neundlinger

LITERATUR

Aglietta, Michel: *Régulation et crises du capitalisme*, Paris: Odile Jacob 1996.

Amendola, Mario, Gaffard, Jean-Luc: *La dynamique de l'innovation*, Paris: Economica 1998.

Arthur, W. Brian: »Competing Technologies, Increasing Returns and Lock-In by Historical Events«, in: *The Economic Journal*, Nr. 394, 1989, S. 116-131.

Azaïs, Christian, Corsani, Antonella, Dieuaide, Patrick (Hg.): *Vers un capitalisme cognitif. Entre mutations du travail et territoires*, Paris: L'Harmattan 2001.

Bergson, Henri: *Schöpferische Entwicklung*, Zürich: Coron 1970.

Corsani, Antonella, Lazzarato, Maurizio, Negri, Antonio: *Le bassin de travail immatériel dans la métropole parisienne*, Paris: L'Harmattan 1996.

– »Vers un renouveau de l'économie politique«, in: *Multitudes*, Nr. 2, 2000, S. 15-25.

– »Capital, connaissance et vie dans le capitalisme cognitif«, in: *European Journal of Economic and Social Systems*, Nr. 1, 2007, S. 81-99.

Dieuaide, Patrick: »Nouvelles technologies, nouvelle dynamique du capitalisme«, in: Azaïs u.a, *Vers un capitalisme cognitif*, S. 90-112.

Dosi, Giovanni: *Technical Change in Industrial Transformation*, Basingstoke: MacMillan 1984.

Girard, Jean-Louis: »Construction urbaine et territoriale: les apports d'une lecture de la théorie des actifs appliquée au travail«, in: Azaïs u.a, *Vers un capitalisme cognitif*, S. 199-216.

Jollivet, Pascal: *La rupture paradigmatique des NTIC et l'émergence de la figure de l'utilisateur comme innovateur*, Thèse de Doctorat, Matisse-Paris 1, 2000.

– »Le rendements croissants«, in: *Multitudes*, Nr. 2, 2000, S. 95-96.

– »Les NTIC et l'affirmation du travail coopératif réticulaire«, in: Azaïs u.a, *Vers un capitalisme cognitif*, S. 45-63.

Lazzarato, Maurizio, Combes, Muriel, Aspe, Bernard: »Le travail: un nouveau débat pour des vieilles alternatives«, in: *Multi-*

tudes, September 2004, http://multitudes.samizdat.net/Le-tra-vail-un-nouveau-debat-pour.

Lazzarato. Maurizio, Negri, Antonio: »Travail immateriel et sub-jectivité«, in: *Futur Antérieur*, Nr. 6, 1991, S. 86-99.

Lazzarato, Maurizio: »Europäische Kulturtradition und neue For-men von Wissensproduktion und Zirkulation«, in: *Thesis*, Nr. 3, 1999, S. 11-24.

– »La multiplicité dans la dynamique économique«, in: *Multi-tudes*, Nr. 2, 2000, S. 113-127.

– »Travail et capital dans la production de connaissance: une lecture à travers l'œuvre de Gabriel Tarde«, in: Azaïs u.a, *Vers un capitalisme cognitif*, S. 153-172.

Lundvall, Bengt-Åke: »Innovation as an Interactive Process: From User-Producer Interaction to the National System of Innova-tion«, in: Giovanni Dosi u.a. (Hg.): *Technical Change and Eco-nomic Theory*, London, New York: Pinter Publisher 1988, S. 349-369.

– »Spatial division of labour and interactive learning«, in: *Revue d'Economie Regionale et Urbaine*, Nr. 3, 1999, S. 469-488.

Moulier-Boutang, Yann: »La revanche des externalités«, in: *Futur Antérieur*, Nr. 39/40, 1997, S. 85-116.

– »La troisième transition du capitalisme: exode du travail pro-ductif et externalités«, in: Azaïs u.a, *Vers un capitalisme cogni-tif*, S. 135-152.

Paulré, Bernard: »De la 'New Economy' au capitalisme cognitif«, in: *Multitudes*, Nr. 2, 2000, S. 25-33.

Rullani, Enzo: »Le capitalisme cognitif: du déjà vu?«, in: *Multi-tudes*, Nr. 2, 2000, S. 87-97.

Veltz, Pierre: »Hierarchies et réseaux dans l'organisation de la production et du territoire«, in: Georges Benko, Alain Lipietz (Hg.): *Les Régions qui gagnent. Districts et réseaux: les nou-veaux paradigmes de la géographie économique*, Paris: PUF 1992, S. 293-314.

– »Territoires innovateurs: De quelle innovation parle-t-on?«, in: *Revue d'économie régionale et urbaine*, Nr. 3, 1999, S. 607-616.

Weissberg, Jean-Louis: »Travail intellectuel, réseaux numériques et présence à distance«, in: Azaïs u.a., *Vers un capitalisme cog-nitif*, S. 29-44.

Wie wird durch Wissen Wert geschaffen?

Enzo Rullani

1.

Von Wissensökonomie können wir dann sprechen, wenn wir es mit einem Segment des Wirtschaftssystems zu tun haben, in dem der ökonomische Wert (aus der Sicht des wirtschaftlich handelnden Subjekts: der Nutzen) durch Wissen geschaffen wird. Dabei ver- oder bearbeitet die menschliche Tätigkeit keine Rohstoffe im materiellen Sinn, sondern bringt – als Wissensarbeit – innovative Kenntnisse hervor. Entweder be- oder verarbeiten diese Kenntnisse unter Einsatz von Maschinen verschiedene Materialien und schaffen indirekten Nutzen; oder sie liefern nützliche Leistungen, bei denen Informationen bearbeitet werden, beraten oder kommuniziert wird, was wiederum denjenigen, die solche Leistungen in Anspruch nehmen, direkten Nutzen bringt.

Der durch den Einsatz von Wissen geschaffene Nutzen kann nun auf verschiedene Arten des Gebrauchs zurückgeführt werden. Zunächst kann er – durch Effizienzsteigerung – der Reduktion der Kosten eines Produktionsprozesses entspringen. Der Nutzen kann aber auch durch die Schöpfung eines neuen Produkts oder einer neuartigen Leistung entstehen oder durch das wissensgesteuerte Hervorbringen von Bedeutungen, Wünschen und Identitäten oder durch die Personalisierung einer Leistung, das Entwerfen bewegender Erfahrungen, den Aufbau von Vertrauensbeziehungen, das Entwickeln von Garantien usw. In all diesen Fällen muss sich an der materiellen Basis eines Produkts (bis auf geringfügige Anpassungen) nichts ändern. Was hingegen direkt Wert schöpfend wirkt, ist das verschiedenartige Wissen, das auf diese materielle Basis angewandt wird.

Welches Gewicht hat nun diese Art des Wertschöpfens? Handelt es sich um einen marginalen oder zentralen Faktor in der heutigen Wirtschaft? Es braucht nicht viel, um einzusehen, dass die Entwicklung in Richtung einer Wissensökonomie schon so weit fortgeschritten ist, dass sie der gesamten Produktion eine neue Grundlage liefert – wohlgemerkt der gesamten Produktion, auch jene der materiellen Konsumgüter. Die Wertschöpfung durch Wissen bildet nicht die Ausnahme – etwas, das nur einige wenige exotische oder Luxusgüter betrifft – sondern die Regel.

Der Nutzen, den ein Kunde/eine Kundin an einem Produkt findet und für den er oder sie bezahlt, der Wert des materiellen Produktes, so wie es die Fabrik verlässt, bildet heute einen kleinen, kontinuierlich sinkenden Bruchteil des Kaufpreises. Wenn es aus der Fertigung kommt, kann ein Kleidungsstück ein Fünftel oder auch ein Zehntel dessen wert sein, was die Kundin oder der Kunde im Laden dafür bezahlt. Die Differenz ist auf die ästhetische Bedeutung zurückzuführen, auf die Leistung, die kommunikative Rolle, die die Mode dem materiellen Produkt einverleibt hat.

Gleiches gilt für die Bereiche Wohnungseinrichtung, Essen, Tourismus, den Wellnessbereich, ja sogar für das Mineralwasser. Der Wert der Güter ist viel stärker in immateriellen Elementen (der Bedeutung, der Erfahrung, der Dienstleistung) verankert als in den Kosten und Leistungen des materiellen Prozesses, der diese Güter hervorbringt.

Die Entmaterialisierung der Wertschöpfung setzt bei der Produktivkraft *par excellence*, der menschlichen Arbeit, ein. Arbeit ist heute bis auf wenige Ausnahmen keine materielle Tätigkeit mehr – im Sinne des Einsatzes der Muskelkraft, um Materialien oder Rohstoffe in ein Endprodukt zu verwandeln. In 99 Prozent der Fälle verrichten wir kognitive Arbeit, im Sinne des Einsatzes unseres Wissens, um weitere Kenntnisse zu produzieren, die wiederum potenziellen Nutzen einbringen. Das betrifft gewöhnlich nicht nur, wie dies früher der Fall war, einige wenige »intellektuelle« Berufe (Lehrende in Schulen und an Universitäten, SchauspielerInnen, WissenschaftlerInnen usw.), sondern alle Tätigkeiten. Auch die Tätigkeit der Arbeiterinnen und Arbeiter besteht im wissensbasierten Bedienen von Maschinen, also vielmehr unter Verwendung des Gehirns als unter Einsatz der Muskeln.

Demnach ist Arbeit heute vollständig kognitive Arbeit geworden, so wie die KonsumentInnen den größten Teil des Werts eines materiellen Guts nicht diesem selbst zuschreiben, sondern der Bedeutung und der (Dienst-)Leistung, die mit seiner Herstellung verbunden sind. Wir müssen deshalb zur Kenntnis nehmen, dass ein tiefgreifender Wandel stattgefunden hat: Unsere Realwirtschaft ist eine Ökonomie geworden, in der das Wissen für uns arbeitet. Wir leben folglich in einer Art kognitivem Kapitalismus, dessen Gesetze und Entwicklungsmöglichkeiten wir erst begreifen müssen. An diesem Wandel interessiert uns nicht so sehr die »Verflüchtigung« der Produktionsprozesse, die die Aufmerksamkeit von den (schweren) Atomen hin zu den (schwerelosen) Bits verlagert. Entscheidend ist vielmehr die Frage, inwiefern der »Motor« der Wertschöpfung anders funktioniert.

In der traditionellen Ökonomie der materiellen Transformation wurde ökonomischer Wert dadurch geschaffen, dass die Produktionsfaktoren gemäß vorgegebenen technologischen Koeffizienten verbraucht wurden. In diesem Zusammenhang konnte Wissen – in Erweiterung der vorhandenen Technologie – nur auf eine Weise den geschaffenen Wert steigern: durch die verbesserte Allokation der Faktoren, die für verschiedene, alternative Verwendungen zur Verfügung standen. Die Märkte (über die jeweiligen Preise) und die Unternehmen (über den Nutzenkalkül) hatten exakt diese Funktion: Sie brachten im Verhältnis zu den technologischen Gegebenheiten zusätzlichen Wert hervor, indem sie auf die Ressourcenallokation einwirkten (die bis heute für Freud und Leid der neoklassischen Ökonomie verantwortlich ist).

Die Rechnung war schnell angestellt: Marktpreise und Nutzenkalkül bewirken eine Veränderung in der Ressourcenallokation, sodass Boden, Arbeit und Kapital gemäß dem jeweiligen Stand der Technologie exakt dem Einsatz zugeführt werden, der vom Standpunkt der (gegebenen) Präferenzen der Endverbraucher dem größtmöglichen Nutzen entspricht. Dadurch entsteht

zusätzlicher Nutzen. Der Motor der einst vorherrschenden materiellen Ökonomie setzt sich demnach
aus Technologie, Markt und Nutzenkalkül zusammen.
Der Rest zählt nicht, weil man die längste Zeit davon
ausging, dass er nichts Wesentliches zur Wertschöpfung beitrage, sondern höchstens der grauen Welt der
technischen Koeffizienten, den Preisen und Kalkülen
einen oberflächlichen Farbanstrich verleihen könne.

Das war aber eine durchaus falsche Vorstellung.
Vielleicht kann sie in einer Subsistenzwirtschaft noch
bestehen, in der Wünsche, Erfahrungen und Bedeutungen irrelevant sind, weil es darum geht, aus der
Arbeit so viele Kalorien und Güter wie möglich zu
gewinnen. Gänzlich unpassend ist diese Vorstellung
jedoch, wenn man zeigen soll, wie eine Ökonomie
funktioniert, in der die Kalorien verringert und nicht
erhöht werden sollen und in der viele Güter nicht notwendig, sondern im Gegenteil oft schädlich geworden
sind. In dieser Ökonomie des Überflusses verkümmern
die Bedürfnisse, wenn sie nicht in Wünsche verwandelt
werden, die Notwendigkeiten büßen ihre Dringlichkeit
ein, die Mittel-Zweck-Berechnung beginnt, der Schaffung neuer Zwecke mehr Bedeutung zuzuschreiben als
der Effizienz, mit der die Mittel die Umsetzung dieser
Zwecke verfolgen. Die Wirtschaft der entwickelten
Länder öffnet also Freiräume, Räume für das Experimentieren, die die Technologie, die Marktpreise und
der Nutzenkalkül nicht füllen können. Es bedarf eines
anderen Zugangs, der es ermöglicht, das Neue zu er-
forschen und den möglichen Erfahrungen Bedeutung
und Wert zu verleihen.

Dieser neue Zugang wird durch die Ökonomie des Wissens eröffnet. In der Wissensökonomie wird Wert geschaffen, indem an einer Welt der Möglichkeiten gebaut wird und Formen und Werte hervorgebracht werden, die keiner Notwendigkeit entspringen, sondern das Ergebnis kognitiver Prozesse darstellen. Bei diesen Prozessen kommen die Imagination, die Kommunikation und die gemeinsame Nutzung von Ideen und Fähigkeiten zum Einsatz. Diese Welt des Möglichen vollzieht einen substanziellen Wandel gegenüber dem Modell der materiellen Produktion, das auf dem Verbrauch der Produktionsfaktoren basierte. Die Kenntnisse, die bei der Produktion von Bedeutungen, Erfahrungen und Dienst-Leistungen zum Einsatz kommen, werden bei ihrer Verwendung nämlich nicht aufgebraucht. Im Gegenteil: Sie erhalten und steigern ihren Wert mit jeder Wieder-Verwendung, da sich ihre Wirksamkeit auf weitere Möglichkeiten des Gebrauchs ausdehnen lässt und sich dadurch ihr Einsatzbereich in Raum und Zeit erweitert.

In einem solchen Prozess ist die eigentliche Basis der Wertschöpfung demnach nicht so sehr die Produktion neuen Wissens, sondern in viel stärkerem Maße die Ausweitung der bereits bestehenden Wissensbasis auf ein immer breiteres Spektrum von Anwendungen. In manchen Fällen ist die Ausbreitung des Wissens kostspielig, da sie Investitionen verlangt, um das bestehende Wissen an neue Gebrauchsmöglichkeiten und Problemstellungen anzupassen. Dennoch sind die mit der Wieder-Verwendung verbundenen Kosten nie so groß wie die für die Erstproduktion geleisteten Investitionen. Die Ausbreitung schafft Wert, weil das Wissen wiederverwendet werden kann, ohne dass es aufgebraucht wird. So entstehen etwa bei einer Reihe von Verwendungen, bei denen derselbe Algorithmus oder dasselbe Programm zum Einsatz kommt, keine (oder nur geringe) zusätzlichen Kosten.

Bei diesem Prozess schließen die unterschiedlichen Einsatzmöglichkeiten einer bestimmten Kenntnis einander nicht aus (sie »rivalisieren« nicht miteinander). Sie können neben- und miteinander existieren, sodass sich der Nutzen, der durch jede einzelne Gebrauchsmöglichkeit entsteht, mit der Ausbreitung des Wissens summiert. Mit jeder Wieder-Verwendung wird zusätzlicher Wert geschaffen, während die Kosten nicht oder nur geringfügig steigen.

Da die Verbreitung zusätzlichen Wert schafft, ist sie auch die wesentliche Quelle des Profits, der aus jenen Investitionen erwächst, die in die Produktion neuen Wissens getätigt werden. In diesem Sinn ist die Verbreitung ein *sich selbst verstärkender* Prozess, der Investitionen in die Produktion weiterer Wissens und einer weiteren Verbreitung der Einsatzmöglichkeiten bestehenden Wissens vorteilhaft macht.

Der ökonomische Wert wird durch die Ausbreitung des Wissens geschaffen, die sich darüber verstärkt, dass sie die anfänglich entstandenen Kenntnisse erneuert. Dieser Umstand verlangt nach einer begrifflichen Revolution, damit wir den realen »Motor« des Wirtschaftswachstums zu Gesicht bekommen, der bislang sein Dasein im Verborgenen gefristet hat. Die Frage muss also lauten: Was ist die tiefere Bedeutung des Ausdrucks »Wissensökonomie«? *Dieser Begriff dient dazu, den Blick der Wirtschaft vom Prozess der Pro-*

duktion auf den Prozess der Verbreitung zu verlagern.
Nicht mehr die rationale Allokation der Ressourcen
sollte uns interessieren, sondern die *Vervielfältigung
der Einsatzmöglichkeiten.* Diese wird am besten über
die *Schaffung von Netzwerken* erreicht, die eine intelligente *Ausbreitung* dessen, was eine *Gesellschaft weiß
und kann,* erleichtern.

Auch die Geschichte des Industriekapitalismus
muss aus dieser Perspektive neu interpretiert werden.
In den vergangenen zweieinhalb Jahrhunderten hat die
Moderne die Art und Weise, wie ökonomischer Wert
geschaffen wird, tief greifend verändert. Die Ausbreitung des wieder und wieder einzusetzenden Wissens
auf immer weitere Anwendungsfelder und die Investition in Lernprozesse haben die Basis für das Wachstum
gelegt und so einen immer ausgedehnteren Kreislauf
der Wieder-Verwendung in Gang gesetzt. Im Laufe der
Zeit haben sich aber das Medium und die Methode der
Ausbreitung verändert.

Im Kapitalismus des 19. Jahrhunderts hat sich die
Ausbreitung auf die Institution des *freien Marktes* ge-
stützt, um auf diese Weise den Kreislauf des Verkaufs
von Maschinen und Produkten zu erweitern, in die
Wissen eingeflossen war. Mit dem Aufkommen des
fordistischen Produktionsmodells änderte sich auch
das Medium der Verbreitung. An die Stelle des Marktes
trat das *große Unternehmen* als bedeutendste Institution der Ausbreitung des Wissens. Seit den 1970er Jahren sind mit der Krise des Fordismus weitere Medien
aufgetaucht, wie etwa die (Wirtschafts-)Region als
Basis für die *industrial districts* und später das Internet
bzw. heute die interaktive Kommunikation für die glo-

balen Wertschöpfungsketten. Über all diese Stationen hat sich das Wissen sukzessive von der Notwendigkeit »befreit«, in materielle Medien eingeschlossen zu sein (Maschine, Unternehmen, Region). Es hat damit begonnen, in virtueller Form zu zirkulieren und als Medien Software, Programmiersprachen und andere Codes zu verwenden. Die anfänglichen materiellen »Hüllen« (Maschine, Unternehmen, Region) haben also nicht mehr genügt und die Ökonomik dazu gezwungen, sich dem Wissen als solchem zuzuwenden, ohne dieses auf Kapital (Maschine), betriebliche Strukturen (Unternehmen) oder auf soziale Beziehungen (Region) reduzieren zu können.

Und damit haben die Probleme eingesetzt, denn man hat entdeckt, dass das Wissen über Eigenschaften verfügt, die den »normalen« Eigenschaften der Ressourcen (Boden, Arbeit, Kapital) diametral entgegengesetzt sind. Sein Einsatz bei der Wertschöpfung steht im Widerspruch zu dem Theoriegebäude, das entworfen wurde, um zu erklären, wie in der Produktion ökonomischer Wert entsteht (Verarbeitung von Materialien, effiziente Allokation von Ressourcen).

Die klassischen ökonomischen Ressourcen besitzen die Eigenschaft der *Knappheit* (ihr Wert besteht darin, dass sie, wenn sie für eine Verwendung eingesetzt werden, für andere Verwendungen nicht zur Verfügung stehen). Sie sind darüber hinaus *in diskrete Einheiten teilbar* (jede Ressource hat einen bestimmten Wert, der von anderen Werten, die im sozialen Produktionsprozess zum Einsatz kommen, abgrenzbar ist; Kosten und Erträge können für jede Ressource getrennt ermittelt werden). Schließlich haben die Ressourcen *instrumen-*

tellen Wert (es handelt sich um reine Mittel, die es zu optimieren gilt, indem man die bestmögliche Allokation zur Befriedigung gegebener Zwecke errechnet).

Wissen hingegen ist eine Ressource, die (besonders, wenn es sich um reproduzierbares Wissen handelt) ihrem Wesen nach *nicht knapp* ist (da ihre Reproduktionskosten gleich null oder fast null sind). Wissen ist auch *nicht teilbar* (ihre Kosten und Erträge sind das Ergebnis sozialer Prozesse, die Vergangenheit und Zukunft miteinander verbinden und die Leistung eines Wirtschaftssubjekts mit der Leistung anderer AkteurInnen unauflöslich verstricken). Schließlich ist Wissen *nicht instrumentell* (weil das Erkennen nicht nur Mittel hervorbringt, sondern die Beziehungen und Identitäten der beteiligten AkteurInnen verändert und auch deren Zwecke, also ihre Präferenzen, einem Wandel unterwirft).

Achtung: *Eben weil es diese Anomalien* aufweist, produziert Wissen Wert, indem es sich ausbreitet, erneuert und neue Investitionen in Lernprozesse zeitigt – eben weil es *vervielfältigbar* (nicht knapp), *einer gemeinsamen Nutzung zugänglich* (nicht teil- und abtrennbar) und *reflexiv* ist, insofern es auf die Zwecke zurückwirken kann, anstatt als reines Mittel zu dienen.

Die traditionelle Ökonomik erkennt die Bedeutung des Wissens erst heute, mit zwei Jahrhunderten Verspätung. Indem sie zu dieser Erkenntnis gelangt, läuft sie jedoch Gefahr, mehr Schaden anzurichten als in den Jahrhunderten des Nicht-zur-Kenntnis-Nehmens. Hat sich der Gedanke, dass Wissen eine fundamentale und anomale Produktionsressource ist, einmal durchgesetzt, ist die Versuchung groß, diese Anomalien auf Biegen und Brechen zu »normalisieren«. In gewisser Weise ist es so möglich, über Patente, Geheimhaltungsstrategien und Kalküle wieder eine knappe, teilbare und instrumentelle Ressource zu erhalten. Dabei wird jedoch nicht berücksichtigt, dass gerade die Anomalien das Wissen zu einer außergewöhnlichen Quelle ökonomischen Werts machen. Diese setzen nämlich jene Ausbreitung in Gang, die stark beeinträchtigt wäre, wenn das Wissen – einer Normalisierungstherapie unterzogen – tatsächlich knapp, teilbar und instrumentell würde.

Die Gefahr besteht, dass man wegen dieses grundsätzlichen Unverständnisses das Kind mit dem Bade ausschüttet. Eine künstlich verknappte, teilbar gemachte und auf ein reines Mittel reduzierte Kenntnis wird nicht imstande sein, sich mit derselben Geschwindigkeit und Qualität auszubreiten und zu erneuern wie eine »anomale« Kenntnis, die gegen die klassischen Prinzipien der Ökonomie verstößt. Es geht also darum, den entgegen gesetzten Weg einzuschlagen, d.h. die anomalen Eigenschaften des Wissens so zu organisieren, dass sie mit der Nachhaltigkeit des Investitionsprozesses in die Produktion neuen Wissens vereinbar werden. Dies kann dadurch erreicht werden, dass man die Vervielfältigung, die gemeinsame Nutzung und den reflexiven Umgang mit Wissen anhand von geeigneten Regeln und in passenden Kontexten so gestaltet, dass die Wert schaffenden Eigenschaften, die von den genannten Anomalien herstammen, optimal genutzt werden können.

Unter dieser Voraussetzung entstehen dann tatsächlich innovative Erfahrungen in Bezug auf die Ausbreitung des Wissens über ungewohnte Kanäle wie etwa die Open-Source-Bewegung im Bereich der Softwareentwicklung, der faire Gebrauch von urheberrechtlich geschützten Kenntnissen, der Widerstand gegen die Ausweitung des Patentrechts in der Informatik und der Biologie, die Schaffung von Kanälen zur gemeinschaftlichen Nutzung von Wissen oder die Entwicklung einer Ökonomie der Gabe. All diese Erfahrungen schaffen soziale Bindungen und gegenseitiges Vertrauen. Es sind kollektive Anstrengungen, deren strategisches Entwicklungsziel die Suche nach Ausbreitungsformen von Wissen ist. Solche Formen organisieren die Vervielfältigung, die gemeinsame Nutzung und die Reflexivität auf Arten und Weisen, die wiederum mit dem Kriterium der Nachhaltigkeit der Investition in Lernprozesse vereinbar sind. Darüber wird der gesamte Investitionsprozess kontinuierlich aufrecht erhalten und verstärkt.

2.

In einer Ökonomie, die auf der Ausbreitung des Wissens in einem möglichst weiten Anwendungsbereich gründet, ist ein *Netz*, das schnelle und globale Kanäle für die Ausbreitung gewährleistet, kein fakultativer, sondern essenzieller Bestandteil. In der Ökonomie des früheren Kapitalismus war das Netz der Ausbreitung des Wissens technisch-wissenschaftlicher Natur und gründete auf der internationalen Zirkulation von Maschinen und neuen Materialien. Klarerweise handelte es sich dabei um eine langsame und unvollständige Zirkulation, da in die Maschinen nur jenes Wissen einfloss, das in mechanische Bewegungen und vorhandene Technologien übersetzbar war. Man musste also zuerst dem verfügbaren Wissen diese Form geben und dann teure Maschinen in Umlauf bringen, die hohe Investitionen an Kapital erforderten. Diese Maschinen wurden dann in Kontexten eingesetzt, für die sie entweder nicht geschaffen oder die zumindest sehr verschieden von ihrem ursprünglichen Verwendungsbereich waren. Die Mechanisierung breitete sich daher langsam und ungleich über den Globus aus, war abhängig von der Verfügbarkeit großer Kapitalien und ebenso hohen Risiken ausgesetzt.

Im Fordismus des 20. Jahrhunderts wurde das Netz der Verbreitung des Wissens über Maschinen und Technologien ergänzt und teilweise ersetzt, und zwar durch das Netz der Organisation. Es kam zu einem Anwachsen der Ausbreitungskanäle innerhalb der großen Unternehmen, angefangen von großen nationalen Firmen bis hin zu den multinationalen Konzernen. Allerdings unterlag diese Form auch Einschränkungen, weil diese Netze aufgrund von Eigentumsrechten untereinander nicht kommunizieren oder weil es verhältnismäßig lange Zeit braucht, bis ein einzelner Wettbewerber so groß ist, dass er gegenüber seinen Konkurrenten nachhaltige Wettbewerbsvorteile erlangt.

Seit den 1970er Jahren bedient sich die Ausbreitung eines Netzes von Beziehungen, die in einer bestimmten Region verankert sind. In diesem Fall können die Unternehmen klein bleiben (wie dies in den *industrial districts* geschieht), ohne dass die Ausbreitung von Wissen auf lokaler Ebene beeinträchtigt ist. Die räumliche und kulturelle Nähe ermöglicht es den AkteurInnen, sich innerhalb der Wertschöpfungsketten zu spezialisieren, andere AkteurInnen nachzuahmen oder zu kopieren und Maschinen, Bestandteile, einzelne Fertigungsschritte oder Dienstleistungen bei lokalen SpezialistInnen einzukaufen. Die Grenze ist dadurch gegeben, dass der Bereich der Ausbreitung notwendig auf das lokale Gebiet beschränkt bleiben muss.

Dies ändert sich mit dem Internet und der New Economy grundlegend: Zum ersten Mal bietet sich die Möglichkeit einer augenblicklichen und globalen Ausbreitung, die nicht durch Eigentumsrechte eingeschränkt ist, sondern sich der Arbeitsteilung unter vielen, auch kleindimensionierten selbstständigen AkteurInnen öffnet. Damit scheint die Quadratur des Kreises gelungen (die maximal mögliche Ausbreitung). Doch ist dem nicht so: Die Grenze ist dadurch gegeben, dass die Ausbreitung bei den geringsten Kosten nur dann maximal ist, wenn die Kenntnisse, die sich über das Internet ausbreiten, kodifiziert und automatisiert sind.

In den vergangenen Jahren haben sich die Einsatzmöglichkeiten des Internets im Vergleich zur Anfangszeit, als die Informationstechnologie noch im Zentrum stand, natürlich weiterentwickelt. Diese Technologie eignet sich perfekt dafür, kodifiziertes und repetitives Wissen zu verbreiten, das einer Welt entspricht, in der die Komplexität künstlich niedrig gehalten wird, und zwar unter Rückgriff auf Mittel zur Standardisierung, Kontrolle und Programmierung. Offensichtlich handelt es sich um ein zumindest teilweise illusorisches Modell, da es zu wenig berücksichtigt, dass Wissen vor allem in komplexen (unterschiedlichen, veränderbaren und unbestimmten) Situationen Nutzen bringt. Gerade in solchen Situationen ist es oft schwierig oder gar kontraproduktiv, auf Kodifizierungen und Automatisierungen zurückzugreifen. Der Einsatz des Internets hat sich in den vergangenen Jahren deshalb in eine Richtung entwickelt, die es ermöglicht, die wachsende Komplexität der heutigen Welt auf allen Ebenen einzubeziehen. Neben Kanälen, die kodifiziertes oder banales Wissen transportieren, hat man deshalb Kanäle eingerichtet, in denen die Möglichkeiten der vernetzten menschlichen Intelligenz, des interaktiven Lernens, des gemeinsamen Entwickelns von Projekten und Innovationen zum Einsatz kommen. In den sozialen Netzwerken unserer Tage beschränkt man sich nicht darauf, aseptische Informationen zu übertragen, sondern man spricht miteinander, man teilt Gefühle, man baut gemeinsam an Bedeutungen und kollektiven Identitäten.

Auch die internetgestützten Lern- und Vermittlungsformen verändern sich. So gibt es einen Unterschied zwischen dem *e-learning* der Anfänge und dem *net-learning* von heute. Das Netz war lange Zeit ein Instrument zu Verteilung von prä-kodifiziertem Wissen (Information) zum Nulltarif in Echtzeit, das völlig vom jeweiligen Kontext absah. Nun wird es immer mehr ein Instrument, das unter höherem Kosten- und Zeitaufwand Personen miteinander in Verbindung setzt, die mental und im praktischen Handeln das nötige Rüstzeug haben, um, von gegenseitigem Vertrauen getragen, trotz der räumlichen Distanz interagieren zu können.

Die zwei Arten, das Internet einzusetzen, schließen sich nicht gegenseitig aus. Es wäre nur verwirrend, für zwei sehr verschiedene Dinge denselben Begriff zu gebrauchen. Die erste Verwendungsart, die allgemein mit dem e- assoziiert wird, stützt sich auf Computer und automatische Verfahren, um bedeutende ökonomische Effekte durch Wieder-Verwendung hervorzubringen. Das macht sie allerdings unflexibel, sie ist kaum fähig, sich anzupassen oder zu lernen. Die zweite Verwendungsart, die allgemein mit dem net- in Verbindung gebracht wird, lässt Menschen und Kontexte miteinander kommunizieren. Diese treten über das Netz in einen reichen und problematischen Austausch, da sie komplexe Situationen bewältigen müssen und dabei gemeinsame Innovations-, Experimentier- und Lernprozesse durchlaufen. Die erste Verwendungsart entspricht sozusagen der Massenproduktion, die zweite der innovativen und personalisierten Produktion. In beiden Fällen jedoch wird über die Ausbreitung von Wissen im Netz Wert geschaffen.

Die Demarkationslinie zwischen den unterschiedlichen Ausbildungs- und Lernprozessen macht uns klar, dass das e-learning eine Lernform darstellt, die das Netz nur dazu benutzt, Materialien, Verfahren, Zugänge zu bekommen, die kodifiziert sind und wenig bis gar nichts kosten. Die andere Lernform hingegen benutzt das Netz, um einen sozialen Prozess zwischen Personen in Gang zu setzen, die in unterschiedlicher Weise an einem Innovations-, Experimentier- und Lerngeschehen teilhaben. Banale Fragestellungen können mittels der ersten Lernform gelöst werden, komplexere Probleme verlangen nach der zweiten Verfahrensweise.

Darüber hinaus wird das Netz im ersten Fall dazu eingesetzt, die Personen, die Informationen ins Netz stellen, und diejenigen, die sie verwenden, voneinander getrennt zu halten. Auf diese Weise wird der Mythos der *Disintermediation* fortgesetzt, der davon ausgeht, dass es im Informationszeitalter zur Übertragung von Wissen keiner weiteren Vermittlungsinstanzen und -figuren bedarf. Im zweiten Fall wird das Netz dazu eingesetzt, diejenigen, die Wissen produzieren, diejenigen, die es übertragen und auf verschiedene Kontexte anwenden, und diejenigen, die es konsumieren, miteinander zu verbinden und (virtuell) anzunähern. Über das Netz kommt es nicht zur Disintermediation, sondern zur Verbindung, wodurch Kommunikations- und Interaktionskreisläufe auf Distanz entstehen.

3.

Die zur Produktion des Wissens geeignete Organisation habe ich »Fabrik des Immateriellen« genannt. Mit diesem Begriff meine ich jene Wertschöpfungskette, die aus vielen Unternehmen und vielen Arbeitsbeiträgen besteht und die kognitive Arbeit (Transformation von Wissen und Beziehungen) einsetzt, um Gebrauchswerte nicht nur zugunsten der EndverbraucherIn zu schaffen, sondern auch zum Vorteil für die verschiedenen Subjekte, die an der Wertkette beteiligt sind (ArbeiterInnen, UnternehmerInnen, Vermittlerfiguren).

In diesem Fall bedeutet Kreativität die Fähigkeit, zwei gleichermaßen wichtige Aspekte der Ausbreitung von Wissen vereinbar zu machen: Es geht darum, die Erforschung des Neuen (*exploration*) mit der Wiederholbarkeit in der Anwendung (*exploitation*) zu verbinden – um zwei Ausdrücke von Jim March zu verwenden.

In diesem Sinn ist eine Erfinderin, ein Künstler oder eine Unterhalterin, die oder der sich nur um die *exploration* kümmert und nur an das einmalige, einzigartige Stück denkt, *nicht* kreativ im Sinne der Schaffung von ökonomischem Wert. Auch der Bürokrat, die Beamtin oder irgendein ausführendes Organ, das nur die *exploitation* im Auge hat und einfach bewährte Symbole, Verfahren und Codes zur Anwendung bringt, ist nicht kreativ. Kreativ hingegen ist die Person, die – welche Position sie auch immer in der Wertkette einnimmt – nach solchen Lösungen sucht, die es ermöglichen, auf beiden Fronten voranzukommen oder zumindest auf einer der beiden, ohne die andere ganz aufzugeben. Die Kreativität sollte demnach um die Fähigkeit ergänzt werden, Lösungen zu finden, die auch das dritte Erfordernis der Ausbreitung berücksichtigen: die Nachhaltigkeit der Investition in neues Wissen.

Die Lösungen, die in der Wertschöpfungskette von der KreativarbeiterIn gefunden werden, müssen imstande sein, auf elastische Weise die Erforschung des Neuen (*exploration*), die vervielfältigte Nutzung (*exploitation*) und die Profitentnahme (*extraction*) zu verbinden, sodass der Motor der Wertschöpfung durch Wissen möglichst rund läuft.

Wer aber sind »KreativarbeiterInnen« in diesem Sinn? Eine wichtige Rolle in der Kette kommt den KonsumentInnen zu. Sie erhalten aus der Wertkette nützliches Wissen, doch ist es letztlich ihre Aufgabe, den Konsum so zu gestalten, dass aus dem Wissen tatsächlich Wert entsteht. Wenn die KonsumentInnen diese Aufgabe nicht wahrnehmen (können), dann wird kein Wert geschaffen und die gesamte Kette wird in Mitleidenschaft gezogen. Wenn beispielsweise eine Oper von einem Publikum gehört wird, das keine musikalische Vorbildung hat (oder zumindest in Bezug auf dieses Genre keine Kenntnisse besitzt), so wird die Aufführung schwerlich eine ästhetische Empfindung und emotionale Anteilnahme bewirken. Vielmehr kommt dies einer Ressourcenverschwendung mit äußerst geringem Output gleich. Wenn ein großartiger Wein, ein wahres Kondensat an erlesenen Kenntnissen, mit der falschen Temperatur serviert wird, dann wird der potenzielle Wert, den dieses Getränk enthält, nicht geschaffen werden. Dasselbe gilt für ein Softwareprogramm: Wenn die Nutzerin oder der Nutzer nicht genügend Kenntnisse besitzt, um es zu verwenden, wird das Programm zu gar nichts nütze sein.

Anders als bei der materiellen Produktion beschränkt sich der Konsument oder die Konsumentin nicht darauf, das fertige Produkt, das ihm oder ihr die Kette der ProduzentInnen geliefert hat, einfach *aufzubrauchen*. Er oder sie muss die eigenen Kenntnisse einsetzen, um das Wissensprodukt so gut zu gebrauchen, dass sich die für ihn oder sie relevanten oder emotional berührenden kognitiven Erfahrungen einstellen. Das ist eine komplexe Aufgabe, die eine gewisse Kompetenz voraussetzt. Eine kreative Kette erfordert intelligente KonsumentInnen, die auch fähig sind, im Sinne der *exploration*, *exploitation* und *extraction* des Werts kreativ zu handeln. Auch die KonsumentIn muss also kreativ sein und ist so im vollen Sinne an der Wertschöpfungskette beteiligt.

Auch andere AkteurInnen der Kette (UnternehmerInnen, ArbeiterInnen, InvestorInnen) können kreativ zur Schaffung des Werts beitragen, wenn sie nach Lösungen suchen, die die drei genannten Funktionen verbinden. Der von diesen AkteurInnen geschaffene ökonomische Wert ist Nutzwert für die EndverbraucherIn – und wird insofern über den Preis abgegolten, den diese bezahlt –, aber er kann auch »intrinsischer Wert« sein, d.h. Wert, den etwa die Unternehmerin ihrer Tätigkeit, der Arbeiter seiner Arbeit oder der Investor seiner Investition in einem bestimmten Feld zuschreibt.

Wissen ist, wie gesagt, niemals eine rein instrumentelle Ressource. Es hat immer mit dem Sinn zu tun, den jemand darin findet, egal an welcher Stelle er oder sie im kognitiven Prozess tätig ist. Kreativität heißt deshalb, die Nutzenfunktion für die EndverbraucherIn mit der Sinnhaftigkeit der eigenen Arbeit zu verbinden. Der Sänger schöpft Sinn aus seiner Arbeit, und zwar nicht nur, weil er (vom Endverbraucher) bezahlt wird, sondern auch, weil er der Arbeit, die er nicht nur des Geldes wegen, sondern aus Leidenschaft verrichtet, Wert zuschreibt.

Dasselbe gilt in gewissem Maß für alle Arbeiten, die einen Wissensanteil aufweisen: Die Forscherin führt (für andere) nützliche Studien durch, doch misst sie ihrer Forscherinnentätigkeit Wert bei, weil sie diese aus Sicht ihrer persönlichen Erfüllung und allgemein für sinnvolle Arbeit hält. Der Fußballer, die Polizistin, der Beamte usw. handeln ebenso. Sie machen ihre Arbeit teils für Geld, teils aufgrund des komplexen Sinns, den sie ihr verleihen.

Es existiert keine Standardlösung für das Problem, wie *exploration*, *exploitation*, *extraction* und Sinn zusammenspielen können. Wer sich in der kognitiven Kette bewegt, muss ohne fix vorgegebene Lösungen vorankommen und kreativ nach Wegen suchen, die nicht unmittelbar ersichtlich und alles andere als gesichert sind. Kreativität heißt eben auch Übernahme von Risiken: das Risiko, in Sackgassen oder verlustreiche Entwicklungen zu investieren, das Risiko, keine kompetenten PartnerInnen zu finden, das Risiko, nach anfänglichen Investitionen letztlich die Flinte ins Korn zu werfen. In diesem Sinn darf die Kreativität nicht nur eine individuelle Qualität bleiben, sondern muss zur Eigenschaft von Prozessen der gemeinsamen Nutzung werden. Man schafft gemeinsam Wert, indem man Projekte zusammen entwirft und auch die damit verbundenen Risiken teilt.

4.

Man muss dem Versuch widerstehen, Wissen zu »normalisieren«, indem man es verknappt und es auf diese Weise auf eine auf dem Markt handelbare Ware wie alle anderen reduziert. Dennoch darf das Problem auch nicht im Sinne des Schutzes vor der Gefahr, dass sich auf dem Markt alles in Ware verwandelt, angegangen werden. Es hat keinen Sinn, an einem grundlegenden Gegensatz zwischen kommerziellen Kenntnissen und Wissen jenseits des Marktes festzuhalten, sondern man muss pragmatisch vorgehen. Es gilt, das *statische Interesse* an der maximalen Verbreitung des Wissens mit dem *dynamischen Interesse* an der Setzung von Anreizen für Investitionen in die ständige Produktion neuen Wissens vereinbar zu machen. In diesem Sinn sind wir gut beraten, nicht auf die formale Logik des Eigentums zu setzen, sondern auf die praktische Logik des Anreizes.

Die Logik des Eigentums setzt ein Prinzip des Ausschlusses von der Nutzung fest, das im Fall des Wissens keine objektive Rechtfertigung findet. Wenn der »Verbrauch« einer Kenntnis die Möglichkeit weiterer Gebrauchsmöglichkeiten nicht ausschließt, dann hat das Prinzip der exklusiven Nutzung keine Grundlage. Es dient nur dazu, das Wissen künstlich zu verknappen, sodass es auf dem Markt einen einträglichen Preis erzielen kann. Doch es gibt viele Weisen, die Herstellung von Wissen zu entlohnen (ohne es zu verknappen), und man muss sich die Frage stellen, wie weit die Verknappung eigentlich getrieben werden darf und inwieweit die einem solchen Vorgehen entspringenden Monopolrenditen zu rechtfertigen sind. Sind etwa die Gagen, die die massenmedial ermöglichten Skalenökonomien in die Kassen von FußballerInnen, SängerInnen, Schauspielerinnen und TV-ModeratorInnen spülen, als Entlohnung ihrer exklusiven Kenntnisse und Fähigkeiten gerechtfertigt?

Um ein Beispiel für eine alternative Art der Regulierung der ökonomischen Verwertung einer geschaffenen Kenntnis zu bringen, sei auf die *open content*-Lizenzen verwiesen. Dabei wird eigentlich nur ein offensichtlicher Umstand anerkannt: Jede Kenntnis, die wir besitzen, besteht schätzungsweise zu 90% aus Kenntnissen, die wir von anderen erhalten, und bloß zu 10% aus Kenntnissen, die wir ausgehend von diesen Kenntnissen tatsächlich persönlich entwickelt haben. Die 90% haben wir aber nur zum kleinsten Teil erhalten, indem wir einen auf dem Markt üblichen Preis dafür bezahlt haben. Letzteres gilt vielleicht für Maschinen, Rohstoffe usw. Aber wie verhält es sich mit wissenschaftlichen Kenntnissen? Und mit Kenntnissen, die wir uns in der Familie oder in der Schule angeeignet haben? Mit Kenntnissen, die in den verschiedensten Medien zirkulieren? Mit Kenntnissen, die täglich von anderen kopiert, nachgeahmt und reproduziert werden?

Wir zahlen also nur zum geringsten Teil für das, was wir von außen erhalten. Wenn wir unsere 10% dazugeben und dann eine Erfindung oder einen Text hervorbringen, können wir – indem wir das Ergebnis urheberrechtlich schützen lassen – nicht auch noch für die 90% der Kenntnisse, die wir von anderen erhalten haben, ein exklusives Nutzungsrecht verlangen.

Da der Schutz des geistigen Eigentums den Ausschluss aller anderen vom freien Gebrauch einer bestimmten kognitiven Leistung besiegelt, muss er mit besonderer Vorsicht graduell abgestuft werden. Wenn das Ziel nicht darin besteht, »das Eigentum zu schützen«, sondern darin, die Voraussetzungen dafür zu schaffen, dass sich Wissen weiter dynamisch ausbreiten kann (und damit auch Investitionen in die Produktion neuen Wissens ökonomisch vorteilhaft sind), dann muss das Recht auf Ausschluss von der Nutzung auf das Nötigste beschränkt werden, um dieses Ziel zu erreichen. Es gilt also, all jene Fälle auszuschließen, in denen sich der exklusive Zugriff auf Wissen kontraproduktiv auswirkt und die statische und dynamische Ausbreitung eingeschränkt wird, anstatt sie mittels Anreizen zu fördern.

Kontraproduktive und ungerechtfertigte Effekte findet man dort, wo der Schutz nicht nur den zusätzlichen Kenntnissen gewährt wird, die das Ergebnis origineller Erfindungstätigkeit darstellen. Nicht gerechtfertigt erscheint es deshalb, wenn Eigentumsrechte beantragt werden, um den Gebrauch von Strukturen zu schützen, die in der Natur bereits gegeben sind (etwa bestimmte Pflanzenarten) oder zum Bestand eines Sektors gehören (bestimmte ursprünglich öffentliche oder mit der Zeit amortisierte Softwareprogramme) bzw. zur Kulturgeschichte zu zählen sind (bestimmte Zeichen oder Symbole, die zur kollektiven Identität gehören).

Die Arbeit an den Normen und an ihrem pragmatischen Einsatz ist jedoch nur ein Teil dessen, was zu tun ist. Darüber hinaus müssen wir Beziehungen des bewussten gemeinsamen und dialogischen Umgangs mit Wissen, Sprachen, Regeln und Projekten aufbauen. Diese Arbeit ist unerlässlich, wenn wir aus der Logik der Knappheit aus- und in jene der organisierten Vervielfältigung einsteigen wollen.

Sowohl die Produktionsweise als auch die institutionelle Verfasstheit der modernen Gesellschaften hängen entscheidend davon ab, dass der kognitive Motor unserer Ökonomie unter den mit der Zeit wechselnden Bedingungen nicht abstirbt. Wenn dieser Motor aber unsichtbar bleibt und seine Erfordernisse nicht berücksichtigt werden, dann schlittern wir in Krisen, die immer schwerer zu meistern sind, solange keine korrekte Diagnose erstellt wird.

In einer solchen Situation stecken wir nun fest, im Übergang von einem alten Paradigma zu einem neuen. Mit dem Ergebnis, dass wir uns in einem Schwebezustand zwischen einer Vergangenheit einrichten, die nicht vergeht, und einer Zukunft, die nicht kommen will. In einer ausgedehnten Gegenwart, die uns die Zukunft raubt.

Aus dem Italienischen von Klaus Neundlinger

es kommt darauf an

Herausgegeben von Boris Buden, Jens Kastner, Isabell Lorey, Birgit Mennel, Stefan Nowotny, Gerald Raunig, Hito Steyerl, Ingo Vavra, Tom Waibel